U0033783

民國史研究的引路人

蔣永敬 先生傳

Chiang Yung-ching
A Historian of Republican China

林桶法 著
Lin, Tung-Fa

目次

序

　　蔣永敬先生以臺灣史學界的蔣公聞名，民國歷史文化學社出版林桶法先生所撰寫的《民國史研究的引路人：蔣永敬先生傳》，因為我曾自稱「與蔣公常相左右」，要我為該書寫序，乃以「義不容辭」答之。答應之後，躊躇良久，不知如何下筆。主要因為蔣公作為史家，已寫了兩本自傳性的書，即《浮生憶往》和《九五獨白》，而朋友和弟子們，為了推崇、懷念蔣公，也寫了許多介紹蔣公生平的文章，無法遍讀，寫序的角度很難掌握，只好依照本書所述的脈絡，作一些補充，希望對本書的閱讀能發生導覽性的作用。

　　個人有機會與蔣公常相左右，是在蔣公出任政治大學歷史研究所所長之後。在此之前，我曾為中央研究院近代史研究所調查民國史資料，去中國國民黨黨史會草屯史庫出差半年，當時蔣公任職於黨史會，在草屯上班，有時與蔣公見面，只有點頭之交。後來我寫的《中國現代史》，因用詞未遵常軌，被史學界的一、二人認為有思想問題，向有關單位舉發，中國國民黨黨史會、中國國民黨文化工作會和臺灣省警備總部有關人等負責審議，與會者意見不一，不便有所決定。當時警備總部對思想有問題的學者，常常是先請吃飯。記得沈雲龍先生告訴我，他所寫的《中國共產黨之來源》出版後不久，警備總部就派人請他吃客飯，提出疑點讓他解釋。現在輪到我，蔣公奉命請我吃飯，並詢問我在書中用孫

中山不用國父、用蔣中正不用蔣公（政界的蔣公），動機如何。我說，那是我在中央研究院寫學術著作的慣例。事情遂不了了之。意想不到的是，蔣公接任政治大學歷史研究所所長之後，即聘我去歷史研究所開課。

　在政大教課期間，蔣公拉我為牌友，暇中常與蔣公和李定一先生等打牌；政大的教授們組織了中國近代史學會，推我主持，辦了許多學術活動。此期間，臺海兩岸開放學術交流，和蔣公常去大陸各地開學術會議。兩岸學者的第一次有關近代史的學術研討會於 1990 年在翠亨村召開，討論孫中山與亞洲的關係。討論之際，大陸學者本既有的觀點，認為孫中山的革命是資產階級革命，我認為孫中山不是為任何階級的利益而革命，而是為全民的利益而革命。蔣公戲謂：「你們說孫中山是資產階級革命也沒有關係，我們在臺灣不是愈來愈有錢嗎？你們的無產階級革命有什麼好？人民好像愈來愈窮了！」我怕大陸學者誤解，說了幾句打圓場的話：「蔣公，你不要節外生枝，我們還是回到正題吧！」大陸學者沒有對我的觀點提出反駁。我說：「歡迎批評！」一位大陸學者說：「我們做個朋友嗎！初次見面，怎麼好批評？」蔣公的發言雖然是非學術的，卻降低了兩岸學者長年對抗的緊張性，增加了兩岸學術交流的趣味性。與蔣公去大陸參加的其他會議，不贅。記憶中有兩次在學術會議後與蔣公去旅遊，一次是從北京包計程車去熱河避暑山莊，一次是從重慶乘輪船遊長江到武漢。遊長江那年，適逢在千島湖事件之後，諾大的遊輪空無幾人，與內人陪蔣公夫婦在甲板上打牌，並飽覽兩岸風

光，迄今記憶猶新。

　　蔣公生於安徽，抗日戰爭末期投入青年軍，1949
年來臺，見證了抗日戰爭的歷史、國共戰爭的歷史，早
年致力於教育學的研究。三十五歲以前可以說是成長和
歷鍊的時期，三十五歲投入民國史的研究，第一本學術
論著為《鮑羅廷與武漢政權》，1963 年出版。蔣公勤
於治學，此後五十餘年間，著作甚多，可參閱本書所附
蔣公著作目錄。難能可貴的，在過世的前夕，猶出版
《多難興邦》一書。蔣公治學，很難說有師承。在政治
大學教育研究所畢業後，有機會進入中國國民黨黨史會
工作，得在黨史史料庫中肆力於民國史的研究，成為出
身黨史會的三大民國史家之一，另兩位為李雲漢和張大
軍。後蔣公的歷史研究由專而博，出任政治大學歷史研
究所所長之後，與各大學和研究機構的學者來往日多，
兩岸開放後，更與大陸史學界廣泛接觸。蔣公為人親
和，史學界無少長皆可引為至友。兩岸學術交流之初，
臺灣一般學者認為大陸學者寫史意識形態太強，對大陸
學者的著作不喜閱讀，蔣公不懷偏見，在廣泛的閱讀中
發現了一些功力深厚的學者。一次與蔣公聊天，他說：
「北京近史所有二楊，治民國史很有功力。」當時我覺
得很慚愧。我與北京近史所接觸比蔣公早，而臺北近史
所與北京近史所是對口單位，我自信認識北京近史所的
朋友比蔣公多，也讀過他們一些著作，從來沒有比較其
長短，經蔣公提省，就對二楊的書特別注意，並設法使
他們的書在臺灣出版。

　　作為民國史家，蔣公對國家的命運較一般人為關

切。兩岸開放後，蔣公曾與梁肅戎等組織和統會，並設
法與大陸高層接觸，以免兩岸發生軍事衝突，造成生民
塗炭。數十年來，臺獨人士斥主張和平統一的人是不戰
而降。實則，主張和平統一的人，除極少部分欲將中華
民國與中華人民共和國合併外，主要鑒於自 1949 年以
來臺海兩岸陷於分裂，各行各的制度，由於制度不同，
不能強求統一，可在一個中國原則下，各行各的制度，
互不統屬。美國與中國大陸建交時，雙方的約定即是如
此，到現在未改。但若臺灣地區想獨立而去，必然發生
軍事衝突，故中國大陸和美國都不允臺灣獨立。兩岸開
放後，一位大陸學者來到臺灣，曾謂：兩岸政學界都
說，臺灣有獨派，有統派；我發現臺灣都是獨派，沒有
統派，有的是臺獨，有的是華獨。需要說明的是，臺獨
與中國愈走愈遠，華獨將統一寄望於將來，即兩岸在制
度上趨於一致時。在此一意義下，蔣公永敬當屬華獨。
本書謂蔣公「生於民國，研究民國，擁護民國」，可為
的論。蔣公熱衷於兩岸和平交流，避免軍事衝突，對民
國則忠誠如一。

　　本書作者林桶法先生為蔣公的博士研究生，致力於
戰後國共鬥爭及其結局的研究，畢業後任教於輔仁大
學，著有《從接收到淪陷──戰後平津地區接收工作之
檢討》、《大撤退──蔣介石暨政府機關與人民遷臺經
過之分析》等書，是臺灣研究民國史的傑出史家之一。
作為蔣公的弟子，本書作者深切了解其授業師的行事與
心情，以《民國史研究的引路人》作為書名，為蔣公所
寫的這本傳記，內容紮實，行文深入淺出，作者以「真

實性，啟發性，故事性」自許，當之無愧。讀者讀這本
書，可以在輕鬆愉快中了解一代學人的生平事跡，餘味
無窮。

2022 年 2 月於翠湖尾

緒論

　　蔣永敬先生，1922 年（歲次壬戌）5 月 6 日（農曆 4 月 10 日）生於安徽定遠縣，2018 年 4 月 26 日逝於臺北市，享耆壽 96 歲。出生民國、研究民國，為傑出的民國史研究學者。

　　蘊育其史學涵養的幾項要素：

其一，長壽

　　蔣永敬教授享年九十六歲，世紀行過，他的一生就是一部民國史，由於親身經歷過時代的變遷，對時代書寫具有立體感與真實感。

其二，豐富的經歷

　　民國以來戰火不斷，對渺小的個人，命運往往不能由自己作主，但也由於歷經過世變，對於變遷具有敏銳的觀察力，也較容易以理性與樂觀的態度歷身處世，所謂「世事洞明皆學問，人情練達即文章」。先生歷經軍閥內戰、中日戰爭與國共戰役，自己提到：「我生長在動亂時代，也是一個複雜的時代」、「自我出生到一九四九年離開中國大陸前的二十七年時光中，歷經內戰和抗戰。抗戰前的內戰，是在童年時期，當過難童。八年抗戰和戰後國共內戰，身臨其境，當過難民，或參與其事。這兩段歷史，也是我後來研究的範圍，並有

論文發表及專著出版。」[1] 有時經歷比學歷的影響還要
大，先生的筆鋒銳利灑脫，或與經歷時代變遷有關。

其三，認真閱讀與勤於史學書寫

　　史料浩瀚，特別是民國史資料更為多元而豐富，研
究者必須耐得住寂寞，大量閱讀與勤於書寫。先生不論
是大學時期或者研究所時期，都是以教育的專業為主，
時常和學生開玩笑說「教育成為一個系蠻奇怪」。先生
三十五歲方踏入史學領域，三十八歲發表第一篇史學學
術論作，真正以「史學研究」為專業，應該與其進入中
國國民黨黨史委員會（簡稱黨史會）工作有關。自此之
後，從整輯、考證或研究，半個多世紀都在進行民國史
的研究與書寫，即使高齡九十幾都還在思考民國變局的
問題，總共出版《鮑羅廷與武漢政權》等二十本專書，
五本合著、五本主編，並發表〈從團結禦侮到共赴國
難〉等一百餘篇論文，退休後的作品更是豐富而多元。

其四，知識分子關懷時代的特質

　　先生出生民國、研究民國、擁護民國，但對國府及
執政當局一些錯誤的決策仍會提出檢討；為人雖然謙沖
為懷，但對學者論著亦不吝批判。
　　先生筆鋒銳利、史學知識豐富、有獨立的思維與批
判精神，實具有「史家四長」的特質，[2] 其經歷不可能

1　蔣永敬，《九五獨白：一位民國史學者的自述》（臺北：新銳文創，
　2017），自序，頁5。
2　唐代著名史學理論家劉知幾在《史通》一書中暢論史家必須具備

複製，但其為學之精神與態度，卻可作為民國史研究者的典範。

梁啟超認為要為一個人做傳，要有書信、文集、日記，最好要有自傳。先生保留許多與同時代史學家往來的書信，也寫日記（雖然不完整），勤於寫作，研究民國的人事地物，也研究自己，回憶其過往，已有《浮生憶往》、[3]《九五獨白》等，雖然先生認為係「自彈自唱，實為其治史論學之紀錄，其中亦可見其對學術研究之使命感，與對大時代之關懷」。[4]由於資料甚為豐富，能超越其內容者甚少，做為後輩晚生為其作傳，基於學術傳承，不敢稍辭，然一方面跟隨學習的時間有限，再方面才疏學淺，僅能整輯排比，實難有大的突破，或有疏漏，望祈先生後人及師友見諒與補充。

去年（2021）在民國歷史文化學社，呂芳上社長召集張玉法、陳三井、張力、張瑞德、劉維開及筆者等討論未來的出版方向，會中咸以上一代史學前輩遺留許多典範，應該作系統的傳承。撰寫工作如何分配是一大難題，本來有資格幫先生寫傳者甚多，劉維開、呂芳上社長都是極佳人選，然劉維開負責劉鳳翰先生，呂芳上負責李雲漢先生，先生的書寫責任最後落在筆者身上，之

三長，即史才、史學、史識。所謂「史才」，是指寫史的能力；「史學」，主要是指史家的知識學問；「史識」，主要是指史家的史觀和筆法，對歷史是非曲直的觀察、鑑別和判斷能力。章學誠特別加上「史德」，「史德」即是史家的操守，史家書寫講究善惡褒貶，務求公正。梁啟超綜合上述意見提出所謂「史家四長」。

3 蔣永敬，《浮生憶往》（臺北：近代中國出版社，2002）。

4 劉維開，〈民國史學者蔣永敬〉，《漢學研究通訊》，第 38 卷第 1 期（2019.2），頁 34。

所以應允撰述先生生平，一方面是希望藉由先生的研究精神啟迪後代的史學研究者，另一方面是先生對筆者史學研究的影響甚深，僅錄筆者 2018 年撰寫「恩結學術情」一文歷述先生啟迪的過往：

> 許多事情在平常都視為理所當然，一旦流逝才知道要珍惜。當聽到老師離去的噩耗，心理責備自己其實上星期應該要去看老師，老師過年前住院，出院後向維開學長要家裡的住址，隔幾天就收到老師的大作《多難興邦：胡漢民、汪精衛、蔣介石及國共的分合興衰，一九二五─一九三六》，信封是老師親筆書寫，即刻打電話給世安兄，請其代為謝謝老師。其實應該當面謝謝老師，但一切都視為平常，以為老師應該會和平常一樣健朗，我們按計畫打算舉辦新書發表會，然而這次真的不一樣，四月二十六日收到老師鶴歸的噩耗，內心極為複雜，過去曾經書寫過雜文，近幾十年來大部分以學術論著為主，經過幾天沉澱，再度閱讀老師的《九五獨白：一位民國史學者的自述》，其中提及許多我都已忘記的事情，決定動筆寫出跟隨老師近四十年的感懷。
>
> 我與老師的因緣可以分為三個階段，第一階段是碩士班時期，可以稱為受教時期。一九八一年進入政大歷史所就讀碩士班，當時在歷史所執教的有蔣永敬、李定一、閻沁恆、王壽南、胡春惠、林能士、張哲郎等老師。第一次受教於老師是位於政大側

門幽靜的角落——井塘樓三樓，教室不大，學生不多，老師上課時先發一些講義，然後就開始上課。老師大部分談史實的發展，較少分析，第一次的印象是老師高大，內容充實但沒有趣味。當時老師也較少與學生互動，我們也較少主動向老師請益。進入第二年開始思考碩士論文，深感民初有許多可研究的主題，就直接請教老師，老師提到「議和」應該可以研究，當時辛亥革命革命陣營與清廷的議和已有人做研究，建議以民國八年的南北議和為題進行探討，當時就直接向先生請求其是否可以指導，老師沒答應，但推薦沈雲龍教授當我的指導老師，我與沈老師素無淵源，因為先生的引介得以在一九八四年順利完成碩士學業，學位論文為《徐世昌與南北議和之研究》，後修訂成專書《民國八年之南北議和》（臺北：南天出版社，一九九〇年）出版。

第二階段是博士班期間，可以稱為指導時期，完成碩士學位後，因為政大還未設立博士班，因此直接到南部學校擔任教師，後又轉往臺北工作，經過幾年的經驗，深感學識的不足，當時政大博士班也已開辦，一九九〇年考進政大歷史所博士班，記得當時應試時，張玉法直接問是否可以閱讀及使用外文資料，因為碩士班時期參與《劍橋中國史》的翻譯工作，得以順利考上。這時政大歷史所的方向更為明確，以研究中國近代史為主，除所內專任教師之外，聘請中央研究院近代史所的老師來所上開課或

邀請專題演講，曾先後受教於張玉法、王爾敏、陳
慈玉、蘇雲峰等老師，在上述老師的引領下，訓練
出許多中國近代史研究的學者，如張力、劉維開、
余敏玲、李盈慧、楊維真、李道緝、陳進金、吳翎
君等教授。

再度上先生的民國史專題課程，老師謙虛地提到：
「過去碩士班上過課的同學可能要失望，因為有許
多重複。」不知是碩士班不努力還是年紀大的體悟
不同，博士班上老師的課獲益甚多，老師談「中山
艦事件」、「鮑羅廷與武漢政權」內容豐富，此一
階段老師與博班的同學互動較多。當時請教老師是
否以戰後作為研究主題，老師不但贊同且願意擔任
指導教授，老師常對書寫的論文做文字的修飾，
更重要的是老師這一階段將我們帶到學術研究的
領域。

因為先生的關係受南京大學張憲文老師照顧，並與
張老師的學生如陳紅民、陳謙平教授成為好兄弟，
此一階段來台的大陸名師甚多，如華中師大章開沅
老師、北京社科院張海鵬老師與金冲及老師，是兩
岸研究民國史的交流與結合；因為老師的關係熟識
幾位大陸中生代學者如楊奎松、金以林、汪朝光、
朱英、馬振犢等，我到大陸查閱資料及學術交流都
受惠於此時期，老師曾說他不會照顧學生，其實帶
領我們進學術領域已是最大的協助。

第三階段博士畢業後，可稱為傳承時期。畢業後隨
即進輔大服務，身為人師比較能體悟老師過去的一

些作為，請益的機會變多了，來往的學者聚會老師
有時會邀我同行。政大當時要為退休老師進行口述
歷史，我和楊善堯多次前往木柵家中訪談，更加佩
服老師的博學與記憶，深刻瞭解老師的學思歷程。
老師八十大壽時，由張力學長號召下，大家為老師
祝壽，並出版《史學傳承：蔣永敬教授八秩榮慶論
文集》一書，內容除幾篇論著之外，還蒐集老師的
著作目錄。之後幾年，有時跟隨著老師赴陸進行學
術交流，老師愈來愈幽默，看問題愈來愈清楚，可
惜聽力逐漸消退，剛開始戴助聽器可以輔助，後來
效果愈來愈差，大部分只能筆談。
由於行政的關係較忙，近幾年疏於向老師請益，
但老師仍然繼續將其出版的大作寄給我，實感
歉疚。[5]

　　先生一生歷經軍閥內戰、抗戰、國共內戰，從安
徽、雲南、東北到臺灣，從農村「地主」、軍人、公務
人員、黨史會到教授，成為知名的歷史學者，享譽海內
外，從顛沛流離的困境邁向康莊大道的生活，先生的一
生是時代的寫照，本身就是一部民國史；論其性格謙和
寬厚，為人廣結善緣，行事灑脫自在，生活大口吃飯無
所拘束。治史之道可用「嚴」、「明」、「勤」三字概
括之，嚴謹考訂，敘述明確，勤於讀寫。其論著引領許

5　林桶法，〈思結學術情——憶蔣永敬老師〉，《傳記文學》，第
　　113 卷第 3 期（2018.9），頁 55-57。

多學者的思維，論點精闢啟迪後學，先生桃李滿天下，
影響深遠，許多弟子已成為「學霸」，傳承其治學與
為人之道。先生出生民國，研究民國，在臺灣植基其
研究的基礎，成果斐然，積極於兩岸學術交流，心境
自然而開闊。2012 年從南京回來，張玉法先生曾賦打
油詩一首：

> 九十一老翁，跨海去西征。
> 贏得親友歡，歸來身猶輕。

先生亦和詩盡訴其心境：

> 舊地又重遊，看看老朋友。
> 故國變客地，一切我無有。
> 江山難美好，可惜不能留。
> 老家是何處？兩岸的行走。[6]

　　這可能就是先生晚年故鄉情心境的寫照。

　　本來幾位學生打算幫先生過百歲生日，然一切都已
不可能，今年適逢先生百歲冥誕，希望這本專傳讓許多
人感受先生為學的態度。

　　本傳期許有三大特色，一是真實性，二是故事性，
三是啟發性，藉此讓更多人了解先生的一生行誼。

　　為撰寫方便，除蔣永敬老師稱先生外，許多老師直
稱其名，或以頭銜稱之，非不敬，敬請諒察。

6　蔣永敬，《九五獨白：一位民國史學者的自述》，頁 404。

第一章　家庭與養成教育

1. 家庭概況

　　高大的身軀、幽默的談吐、嫺熟於民國史事的記憶，是蔣永敬先生給大眾的印象，「永敬蔣公」本來是秦孝儀對先生的稱呼，後來成為史學界對先生的雅稱。先生好學不倦、博學多聞，年輕時「菸癮」極大，菸不離身。平常喜與同儕好友甚或學生「雀戰」，因此臺灣、南京、紐約等地都有戰友，先生甚至將「雀戰」哲學用於治史。先生經歷過民國最動盪的時代，歷經軍閥內戰、抗日戰爭與國共內戰，從安徽、雲南、東北到臺灣，從農村「地主」、軍人、公務人員、黨史會到教授，從顛沛流離的困境邁向康莊大道的生活，他的一生是時代的寫照，但成為史學家的典範則是努力的積累，先生學術素養如何養成？治史的態度如何？

　　蔣永敬先生於 1922 年（歲次壬戌）5 月 6 日（農曆 4 月 10 日）出生，2018 年 4 月 26 日逝於臺北市立萬芳醫院，享耆壽 96 歲。安徽省定遠縣東鄉池河鎮四戶蔣村，父親蔣成謀（字仲智，按家族排字應為臣，以成代臣），母親宛氏。當年在民國歷史上發生兩件大事，一是陳炯明叛變，一是孫中山聯共。蔣成謀受過小學教育，畢業於縣城高等小學，文筆書法俱佳，族中或親友如契約或有關文書事宜，均請其代勞。先生在家族中排行一，先生原名永隆，常見商店以此為名，嫌其不雅，改名永敬。其二叔有二子，即永昌、永華，三叔無

所出，收養一女張忠蘭。

蔣家算是地主，耕地百餘畝，完全自耕，春季以小麥為主，秋季以稻為主，此外尚有多種雜糧，如大麥、玉米、高粱、芋頭、花生、芝麻、豆類，以及棉花、蔬菜等，並飼養豬、雞、鵝、鴨等家畜。除農耕外，並作榨油業（純芝麻油、花生或豆油、菜籽油或棉花子油）。附近居民或小販常來購油，有以原料交換者，由太師父經營，每逢趕集之晨，即以馬馱油運之攤位，客戶多為舊識。先生童年曾隨其父趕集，只覺人多熱鬧，事物新奇，極為羨慕鎮上生活。

婚姻方面，1939 年冬，先生的父親與弟弟分產後，需人耕作，乃要求先生娶妻，1942 年，生女兒安榮。先生與夫人于文桂結識於東北大學教育系，夫婦從認識到結婚經過一番波折，先生在安徽學院從軍時，已讀教育科三年級，按規定優待一學期，可獲畢業。然為進一步學習，故在復員時，即申請入東北大學教育系四年級。第二○七師同時復員分發入東大及其他大學者，尚有多人。復員就學可享受公費、生活津貼。系上臧廣恩教授有紳士之風，授「教育哲學」，三、四年級合選。同學至其家中上課。夫人就讀教育系三年級，同選此課，因此相識，東大男女同學交往，較為開放，女生宿舍距校門及餐廳近，每室三或四人，常有男生爭為女生服務，先生常至宿舍拜訪夫人于文桂，逐漸交往。然一是因為先前的婚姻，二是因為時代的變遷，兩人交往過程有許多波折。

夫人自東大畢業後，欲至第二○七師工作，本來先

生協助其至第一旅工作，因病重，未成行。後來夫人留在北平，先生則離平南下，至天津乘輪船到上海，往族叔蔣佩霖處，旋赴南京，至安徽管店（津浦路之小站），族中大地主蔣星舫偕妻女在此避難，租住一四合院，先生依住其家。後來先生雙親及三叔、舅母等來會晤，先生向父母稟明「要離婚」，母贊成，父亦不反對，此雖不合傳統習俗，但以愛子心切，不得不答應。但如何處理，則又無從著手，先生建議由蔣佩霖委律師辦理，父母皆無意見，遂先登報聲明脫離關係，並通知對方，次年彼即另嫁，數年後病故。

　　1948 年，夫人由天津乘輪抵滬，12 月 8 日晨由蔣佩霖委託律師為先生與夫人簽證結為夫婦。由於至親皆不在上海，僅蔣佩霖全家勉湊一桌，在九龍飯店晚宴。遷臺後生三子分別為世安、正安、定安，均接受高等教育，並曾赴美取得博士學位，在臺灣成家立業，頗有成就。

2. 幼學養成教育

　　先生的啟蒙教師黎先生，為二嬸母之兄長，頗健談，嗜鴉片，常與先生的祖父聊天，陪其玩紙牌，作食客。1929 年，黎先生開始教方塊字，以彩色紙裁成小方塊，每塊寫一字，同時學習者有永昌。其後由先生的父親親自教其讀書，課本為《三字經》、《百家姓》、《千字文》、《幼學瓊林》等，先生皆能背誦。繼而讀小學課本，初為文言，後為語體。先生的父親關心國事，訂閱上海報紙，自裝耳機，聽電台廣播，常與蔣佩

霖通信。蔣佩霖，在東棉洋行任職，該洋行為日本設在
上海之商業機關。二人信件往來蔣佩霖用西式信紙信
封，鋼筆字，極秀麗；先生的父親用中式信紙信封，毛
筆字，亦秀。先生隨父習大小字，奠下書法根基，練書
法成為晚年寫作以外的一大志趣，許多學生及朋友都藏
有先生的墨寶。後由全村合聘一王姓塾師，學童約十
名，教讀《四書》、《古文觀止》、《左傳》等書，先
生對《孟子》尤有興趣，可全書背誦。

　　1936年夏天，先生年十五，身材高大似成人，由
父親送其至池河鎮，請戴姓教師為其補習算術，先識
阿拉伯數字，再學加減乘除。當時有王克孝（後名效
東），其祖父出身兩江師範，克孝從其學習算術有年。
克孝較先生年長，先生跟隨學習，為時約兩月，兩人同
時準備考池河小學。迨入學考試，先生報考五年級，克
孝報考六年級。考畢，校長張華儼口試，態度親切，發
榜，先生列六年級正取榜首，克孝列試讀生。

　　入學後，各科月試成績尚不落後，惟對算術缺乏自
信，該科教師楊越凡在課堂出題，要學生即答，題難，
皆不能答，先生卻能說出答案，楊大悅讚賞有加，先生
深受鼓勵，學習興趣益濃。全班同學約二十人，先生來
自農村，為鎮上同學取樂欺侮之對象，謔稱「土狗」。
校長對校務頗改革，多聘優良教師。國文教師朱鳴崗字
子鳳，兼教美術、勞作，多才多藝，風度翩翩。每月必
步行百華里外之滁州理髮一次。自然科教師謝杰三兼教
音樂，與先生有親戚關係，寄住其家，房屋寬大，家富
有屬「地主階級」，其胞兄任法官，以清廉聞名。池河

大橋數年前因水災被沖斷，政府為備戰，築公路，派工程師來修橋，徵用杰三宅圍牆之石材，訴之公堂，送還石材，轟動鄉里。杰三音樂課教唱〈棠棣之花〉，為弱者鳴不平，抗戰時期，參加新四軍，組織民兵，與政府軍抗。

先生讀池河小學畢業後考入安徽省立滁州中學初中一年級，當時約千餘人報名，錄取一五〇名，初一分三班，至二年級時將淘汰一班，競爭激烈，學雜費昂貴，非農村子弟所能負擔。先生印象最深者為英語教師金延直，校長金延生之兄長，採直接教學法，上課不說中文，每週五小時，既無視聽設備，又無練習機會，全班五十人，聽得一頭霧水，考試準備，仍賴英漢辭典，方能了解。

先生入滁中時，抗戰已發生。1937 年 8、9 月間，淞滬戰事激烈，滁州尚無戰爭景象，物價較戰前稍漲。某日，日機忽來空襲，在滁中附近投彈，大部分學生躲入簡單之防空壕，聞爆炸聲，女生有嚇哭者。12 月初，日軍進逼南京，學期提前結束。

第二章　戰火中的流離歲月

1. 戰火下的中學教育

　　1937 年 7 月 7 日盧溝橋事變爆發，蔣中正隨即於 7 月 17 日發表「盧山宣言」，全國各地積極進行抗戰，抗戰對現在的學生而言，只是教科書上的幾段文字，但對經歷過抗日戰爭的民眾而言，卻是用生命在寫歷史，或許不是每天都在戰火中渡過，或許有些人還談戀愛、結婚，有過一段美好的回憶，然而避難、遷徙與困頓似乎成為抗戰民眾典型的寫照。中研院近史所研究員呂實強每次興致一來高唱抗戰歌曲甚或激動落淚，或許這段歷史對他們而言特別刻骨銘心，先生也不例外。1938 年先生離校返池河，1 月 31 日，日軍陷定遠、池河。是日，適為農曆春節，四戶蔣村因在公路旁，在前一日春節除夕，全村開始向數里外（南向）偏僻鄉村親友家中避難。先生全家扶老攜幼，行至五公里外之埧面毛村。池河守軍原為李宗仁之廣西軍隊，稱第五路軍。與日軍作戰，交戰約兩日，國軍退走，此時池河鄉已成無政府狀態，而鄉民尚能謹守秩序，親友間互助尤見密切。

　　日軍來襲時，先生隨父母躲入河谷中，槍彈越頂而過，伏地不敢動，幸無傷亡。此時不僅躲避日軍，夜間又須防匪，家中常備自衛槍支。1938 年秋，日軍撤離

　　池河及定遠縣城，先生隨家人回原居，池河居民亦漸回
鎮上。惟全鎮房屋毀壞嚴重，居民多因陋就簡搭建臨時
住所，市場逐漸恢復交易活動。劉煥章設塾教課，有學
生王克孝等數人。

　　1939 年春天，安徽有多所臨時中學之設立，收容
戰區失學青年，王克孝入第三臨時中學（合肥古河），
暑假返鄉，以縣府招考一事相告，謂定遠縣府招考地方
行政人員送省訓團受訓，結業後回縣服務，可任鄉鎮
長。先生遂與克孝一同前往報考，隨到隨考，先生被錄
取，克孝落第。後來克孝又告知：「縣西吳家圩有十一
臨中之設，可考師範科。」先生考慮求學重於做事，乃
又與克孝前往報考。由於報考需要初中畢業資格，先生
資格不合，由縣府證明有同等學力程度，才得以報考，
隨後被錄取，克孝則以三臨中簡師班資格轉入。蓋當時
教育政策，重在搶救失學青年，其原因是國民黨深懼這
些學生為中共所吸收，因此量重於質。師範科為公費待
遇，學雜、伙食、服裝等費全免，先生始有此繼續就學
的機會。時安徽教育廳長方治，為國民黨 CC 系要員，
積極辦臨中，亦為防止中共吸收青年。

　　十一臨中第二學期（1940 年春）開學未久，聽聞
新四軍來攻，學校全體師生突整裝出發，隨廣西軍撤往
壽縣，各負行李，夜間徒步跋涉，疲乏不堪，全校師生
安全撤至壽縣城，借縣中上課，設備完整。校長孫秉
南，壽縣人，以地利之便，諸多困難為之克服。其後因
畏日軍攻縣城，遷往鄉間，借民房為校舍。壽縣為安徽
富庶之區，文風亦盛，人文薈萃。校舍利用廟宇，周圍

有廣闊空地，加建臨時教室多間，並有操場。師範科住廟宇，教宿同室。無桌椅及床舖。每生攜一小凳及木板一方，天晴在戶外樹下上課，天雨則在宿舍內。舍之地面舖草，再覆以被或草蓆，作臥舖。無課本，以油墨印的講義代之。至三年級時，全科有三班，共約百人，師生關係密切，每班有導師。軍訓教官王鵬翼對學生極嚴，態度嚴肅，好訓話，言必稱湯恩伯將軍，學生多畏之。班導師馬漢鼎授教育心理，獎勵重於懲罰，尤忌懲罰多數，免激眾怒。師範科雖為公費，校方謂入不敷出，仍要學生補繳部分費用，同學內心雖有不平，然亦無可如何，放寒暑假須回家籌款，同時亦無伙食供應，因此先生經常於寒暑假離開學校。

1940 年，十一臨中有三民主義青年團之成立，1941 年元旦，先生宣誓加入三青團，校長孫秉南為校團之首。1942 年夏，集中於霍邱縣城舉行畢業會考，平時成績不佳者鼓動罷考，事態嚴重，校方懼擴大，採志願參加以分化之。同學屬淪陷區者多，無家可歸，希求畢業，可獲分發任教，鼓動者陷於孤立，僅極少數放棄會考。

當時安徽雖屬戰區，然日軍僅據點線，鄉村地區除新四軍外，餘皆政府命令所及。其時實行新縣制，每鄉鎮均設完全小學，曰中心學校，就學率反較戰前為高。農民多願子女入學，教師待遇以糧食計算，不受物價波動影響，反較後方地區為優。1942 年夏，在十一臨中師範科畢業，原可分發小學任教，惟先生希望進入大學就讀。時安徽戰時省會設於立煌，在大別山區，有臨時

學院，原為一年制，是年改為三年制師範專科學校，主在培養中學教師。先生考入數學科，讀師範期間，對幾何、代數頗有興趣，習得推理、分析、綜合諸法，解決難題，其樂無窮。惟須埋頭學習，嫌其艱苦，乃改入教育科，有充分時間閱讀自己有興趣的書籍，如孫本文之《社會學原理》，胡適之《中國哲學史大綱》及商務印書館《萬有文庫》中之《進化論》、《互助論》等，皆為先生所愛。

由於學校有三青團部，先生任宣傳股長，常撰文，出壁報，同學中有好吸香煙者，常受其邀，久而久之上癮，因無餘款自購香煙，大多抽「伸手牌」，偶有工讀收入，必還報。來臺後，煙癮甚大，每日約吸三十支以上，成為經濟上重要負擔，欲戒之多次未果，直至任職黨史會方才戒除。

皖省文風尚盛，學校學風亦佳，教授中頗有知名學者。校長劉迺敬、教授劉繼萱等，均為同學所敬重，常作學術演講或辦辯論會，同學受益匪淺。上課時，教授鼓勵學生隨堂筆記，學校亦重視學生課外活動，如演講、論文及體育等競賽。戰時安徽部分地區劃入第五戰區，駐地設於立煌，主席先為李宗仁，繼為廖磊，後為李品仙，均屬桂系將領。1943 年元旦，日軍進犯立煌，未見守軍抵抗，軍、政、民等倉促逃走。在黑夜中，先生隨眾循山路北行，負重徒步跋涉至霍邱隱賢集，遇當地小學戴姓教師，係先生池河同鄉，經由其介紹，先生乃得暫時住其友人家中。

日軍掃蕩立煌後，隨即撤軍，先生等亦返校，當時

校舍全燬於戰火，只能寄居民家。學校忙於重建，泥巴竹披為壁，剖竹為瓦，迅即復課。十一臨中校長孫秉南趁省府官員劫後歸來時，又屆農曆年關，備棉被、衣物、食品等數十擔，浩浩蕩蕩，雇伕親自護送至立煌，分贈有關官員。日軍竄立煌，省主席暨集團軍總司令李品仙適去重慶，事後蒞校講話，責大家過於驚恐，只顧逃命，教授劉繼萱持正不阿，以為軍人守土有責，不自反省，反辱學界，辭職以示抗議，同學請留之，李因此撤換教育廳長方治，認為係 CC 系搞亂。

　　皖北為湯恩伯戰區，皖南屬顧祝同戰區，交通點線為日軍所據，再有偽軍及中共新四軍竄擾，民益苦矣。1943 年夏，師專改制為安徽學院，朱佛定任院長，各科皆改為系，唯教育科仍舊。

　　此時先生的經濟狀況並不好，學膳雜等費雖全免，然其他必要零花費用均缺，賴工讀補助，課餘抄寫講義，用鋼針筆在鋼板刻蠟紙，以滾筒黏油墨印之。抗戰時物價不斷高漲，生活愈來愈苦，主食為粗糙米飯，副食以黃豆加鹽煮之，偶爾才有肉食「打牙祭」。衣土布，著草鞋，以草麻或舊布編成，維持溫飽而已。照明以瓦碟盛菜油，用棉捻燃之，一豆燈光，晚自修人手一盞。這是戰時學校的大部分寫照。

2. 無奈的顛沛流離

　　人類歷史多爭戰，民國時期亦然，人民歷經許多的顛沛流離，每一次的戰爭都會帶來許多的離散。「離散」（Diaspora），英文又譯為「流散」，源於希臘詞

彙，有橫穿、分離之意，亦有種子及散播種子之意。有時意指植物繁衍，種子或者花粉的播撒、飛散。離散自近代以來已成為人民生活的一部分，有時是離開原居的地方，有時是離開故土的親人，時間長短不一，有時離散後能再落葉歸根，回到原居的鄉里，如抗日戰爭，許多人因為戰亂、災荒的逃難，但終究可以回到原鄉。國共內戰帶來的分離，特別是 1949 年的逃難，使許多人遠離故鄉，甚至再也沒能返回故里。加拿大的民國史專家戴安娜·拉里（Diana Lary）於《流離歲月：抗戰中的中國人民》一書提到，戰爭帶來破壞性極大，「這個效應在戰爭結束以後，通常還會繼續影響著人們，那就是家庭的離散。」[1] 先生經歷過兩次大的流離——抗日戰爭與國共內戰，或許在臺灣獲得再生，或許經歷流離比留在原鄉更為精彩，正如張玉法曾經說過：「如果不是國共內戰，我可能是山東的一個農夫。」但讓每一個人去選擇，大多不會選擇流離的歲月。那是無奈的時代，這時代的人們用生命的艱苦辛酸、悲歡離合書寫歷史，應該被記載。

1944 年 8 月，國軍固守衡陽，苦戰四十七天，最後城陷，此即所謂「衡陽保衛戰」。軍長方先覺發出最後電報，誓與城共存亡，其堅毅精神先生大受感動，方先覺亦因其表現後榮獲青天白日勳章。當時高級將領喜弄文舞墨，以示風雅，軍長張淦來校演講，李品仙喜講

---

1 戴安娜·拉里（Diana Lary），《流離歲月：抗戰中的中國人民》（臺北：時報文化，2015），頁 107。

「六藝」教育，以「儒將」自任，先生對在皖之桂系軍人益為失望。1944 年 10 月國民政府主席蔣中正發表《告知識青年書》，國民政府軍事委員會頒布《知識青年從軍徵集辦法》，國民政府教育部頒布《志願從軍學生學業優待辦法》，成立「知識青年從軍徵集委員會」，蔣中正親自擔任主任委員，黨、團、軍、政各方面負責人及各大學校長、社會名流等擔任委員。以「一寸山河一寸血，十萬青年十萬軍」為口號，頗具號召作用，同學報名參加者約六、七十名，約佔全校同學百分之十，先生亦響應之。除學生外，並有軍訓教官及職員加入，合全皖中學生有數百名。為鼓勵青年從軍，報章大力讚揚，捧之過高，青年軍不免自認特殊，趾高氣揚，不守秩序，社會亦縱容之，愈為狂妄，此種現象，各地皆有，過去對青年軍有過譽之嫌。皖院同學尚自制，輿論視為典範，臨行時同學好友為先生餞行，先生以可用之物分贈之，其筆記圖文並茂，最受歡迎。出發時，皖院從軍者單獨編隊而行，就這樣開啟了從軍之旅，隨部隊遍行全國各地，先後到河南、西安、雲南、貴州、湖南、上海，勝利後到瀋陽。

時值冬季，各負行李，徒步跋涉，日行七、八十華里，經河南省之固始、新蔡、汝南、上蔡，近平漢路，時因該路為日軍所控制，日暮，乃至附近村落停留，候等軍隊來會合。軍隊之先頭部隊，耳伏鐵軌之上，敵火車來可測知，以便及時疏散潛伏。無敵車來，迅越鐵路，屏息急走，經唐河至南陽，休息數日，參觀諸葛武侯故盧。後由南陽乘軍用汽車出發，多山地，過秦嶺，

山更險，下車行，遇美軍，向青年軍翹大拇指示友好。
經藍田至西安，住三青團部，受親切之接待。

　　青年學生分編為第二〇一師至第二〇九師，春節
後，乘美軍運輸機飛昆明。經成都新津機場稍有停留，
至昆明北校場營房，編入青年遠征軍第二〇七師六二一
團第二營機槍連為列兵，接受入伍訓練。戰時學生，多
曾受過軍事基本訓練，對軍中生活，迅可適應。師長即
為守衡陽之名將方先覺，頗得軍心，方先覺不是杜聿明
的嫡系，被調走任第二〇六師師長，由羅友倫接任。入
伍訓練畢，蔣委員長前來檢閱並訓話，印象最深刻者四
句：「你們都是我的學生，你們都是我的子弟，我有前
途，你們即有前途」。當時聽之，頗感親切，內心充滿
崇拜。

　　入營時，換發新裝，為機織斜紋布，寢具亦多換
新。原在立煌新發之土布棉衣被，自送市場售之，售款
上餐館一次花用即盡。昆明市區甚繁榮，物價全國最
高，人民貧富懸殊，產鴉片，窮人亦多吸之。夜聞外行
者常被劫，士兵之槍亦有被劫者，傳係龍雲（滇省主席
及滇軍首領）軍隊所為，先生等入營時即被告誡。軍中
階級雖嚴，士兵極受尊重，假日或操畢，均可外出自由
活動，官兵之間，可自由交談，生活較學校為優，有肉
食，且供應香煙。假日先生曾至昆明市郊的西南聯大訪
友，茅草矮屋，學生生活簡陋，求學精神不衰，時亦有
從軍派往印度受訓者。

　　後來部隊移駐曲靖，一團駐曲靖附近之馬龍外，另
兩團及師部駐曲靖營房。接受美軍武器裝備及訓練。在

一次實彈演習中，有一士兵頭部中彈，血肉模糊，軍帽脫落一旁，連開追悼會，連政工室訓導員要先生撰祭文。當時先生已由士兵調為政工室幹事，少尉級。青年軍各師中上級政工人員皆出自幹校，由青年軍總政治部主任派任，職權較一般部隊之政工人員為大。當時基層政工人員缺乏，幹校政工班出身者多任中上級幹部，其低層則從士兵中具大專程度者挑選。繼而連訓導員亦不敷用，乃調先生為團戰車防禦砲連訓導員，繼又調為同團第一營第一連訓導員。先生在此連任職甚久，直至1946年10月在瀋陽退伍為止，由少尉而中尉、上尉。不到兩年連升三級，戰亂中實無制度可言。

　　青年軍獨立師第二〇七師，師長先後為方先覺、羅友倫。1944年底由時任昆明防區司令的杜聿明負責，由第五軍與第四十八師抽調幹部為基幹組建，在曲靖正式成立，下轄第六一九、六二〇、六二一等三個團，另有直屬部隊工兵營、輜重營及搜索連、通訊、衛生等單位。營轄四連，步兵連三，機槍連一。連分三排，排分三班，每班十二人，步兵每班有輕機槍一挺，餘為步槍及衝鋒槍，機槍連為重機槍，連訓導員配衝鋒槍。第二〇七師駐昆明及曲靖時，除第六二〇團及部分直屬部隊外，皆駐曲靖營房。該營房似為唐繼堯或龍雲時代所建，昆明、曲靖兩營房之格局相似，顯應一旅兩團編制之需要。一師三團之編制，則不敷用。營房之格局，為一大四合院，院為大操場，供全營房士兵操練及集合之用。正門向昆明，其餘三面有偏門。師司令部及其直屬單位靠近正門。師政治部及軍需處與司令部相遙對。兩

邊為兩團之團部及所屬各營連。第六一九團在司令部之左，第六二一團在其右。先生屬第六二一團第一營第一連，靠政治部之左，依次為機槍連、迫砲連、戰砲連、第二連、團部及第二、第三營各連。每營及連各佔二層樓房兩棟，作辦公之用，兩連合用一棟。樓之後為士兵宿舍及餐室，一連一棟，旁有浴廁，後為廚房，均平房。各棟宿舍之間有空地，供各連集合點名之用。連辦公室及連排長臥室在一樓，面對士兵宿舍。營部在二樓，對各連宿舍；各連訓導員室及康樂室亦在二樓，對大操場。第六二一團團長為劉少峰。師政治部主任初為葛建時，繼為謝嗣昇。科長有潘振球、歐陽勛，團督導員為許功銳，第一營督導員為冉炎。機槍連訓導員為王成德，先生為第一連訓導員，第二連傅偉成，到東北後由幹事孫燦升任之，第三連為余名謙。安徽學院同學從軍任連訓導員者馮寒冰，其他任幹事者亦有數人。印象較深者為王成德，辦公室及臥室與先生同一樓層，輔仁大學及幹校研究部畢業，初為少校，到東北後升為上校，調師政治部任科長。在第二〇七師時，先生由少尉升少校。

　　1945 年 8 月 10 日晨，營中美軍人員首得日本投降消息，對空鳴槍，狂歡示慶，國軍繼之。先生至營房外對河流放槍，魚即翻身浮起，攜回佐餐。既而奉令整裝出發，以為往受日軍投降，大為興奮，師長分批召集軍官，宣讀軍令軍法，全師乘卡車出發，多高山峻嶺，車隊蜿蜒繞山而行。路極險，有落山谷車毀人亡者。至貴州安順後，路漸平坦，至貴陽，參觀苗族居處及生活，

甚友善。車向貴陽東行，經貴定、鎮遠、玉屏，入湘境之晃縣、芷江、邵陽，經湘鄉至長沙，始見大隊徒手日軍，沿路邊而行，垂頭喪氣，視昔日之野蠻殘暴，適成強烈對比。

連訓導員職責，主司連之文化康樂活動，指導士兵座談會，講解時事，對連之經費有監察權。行軍至長沙後，接觸都市生活，非如營房之單純矣。先生住連部，各排官兵有向先生反應連長生活不檢並吃空缺，先生即報告團政工主官。吃空缺，積習已久，上下皆有之，青年軍亦所不免，其時第二〇七師軍紀堪稱最優者，尚有此弊，他軍可想而知。

隨後部隊由長沙換乘輪船至漢口，再換江輪至安慶，登岸暫駐。當時軍紀敗壞，欺民似成習慣，人民敢怒而不敢言，上海市民亦顯受不良軍紀之苦，紛電蔣中正要求第二〇七師留滬，願負軍餉。蔣中正召羅友倫師長嘉勉之。羅在蔣之心目中自有不同，其名原為又倫後改友倫，聞為蔣之所賜。後部隊開至秦皇島上岸，乘火車出山海關，皆敞車，極寒冷，至白旗堡下車，駐民宅，榻為火炕，頗溫暖，主人業釀酒，甚和善，時瀋陽蘇軍尚未撤離，第二〇七師向盤山方向活動，所過皆鄉村，進駐前先查戶口，居民皆自動拿出戶口名簿，人不在者戶主說明之，惟少見青壯之人，顯然在迴避軍隊「拉夫」。

蘇軍撤離瀋陽，先生隨部隊入城，全城漆黑，連駐瀋陽二女高，原為張學良所創之同澤女中，甚豪華，大理石地板。其時第二〇七師已編入新六軍，新六軍開

始登陸秦皇島，1 月 26 日，登陸完畢。3 月 12 日，夜十二時瀋陽蘇軍撤盡，3 月 13 日，國軍第二十五師進駐瀋陽，共軍襲擊南郊，被拒退（仍據渾河南岸）。3 月 15 日，瀋陽國軍接收渾河南岸之變電所，將共軍驅走。約在初夏，先生的連隊移駐瀋陽鐵西區，工廠林立，機器多被蘇聯拆卸運走，廠房空空，連同辦公空屋，滿貼各機關接收封條。街道擺滿地攤，為待遣日僑所設，瓷器、衣飾、照像機、收音機等，琳琅滿目，茶室、料理多日本情調。時鼠疫流行，人心浮動，充滿劫後景象。自北豐回瀋陽，已屆深秋，青年軍其他各師在 6 月初已開始復員，惟第二〇七師須延期，調往南口，編為快速部隊，經北平，得遊故都名勝。

3. 復員下的大學生涯

　　戰後國府進行全面復員，由於抗戰期間軍隊數量相當龐雜，戰後財政無法負擔，軍隊復員勢在必行，青年軍亦在整編之列，抗戰後國軍整編時，青年軍先擴編為兩個旅六個團，改為整編師，有些返鄉工作，有些安排到相關單位工作，但大多自尋出路，先生於 1946 年復員後選擇再到東北大學就讀，時東大已自四川三台復員回瀋陽北陵原址，該校原為張學良所建，設備至佳，教師分配有洋房式宿舍。同學多住校，宿舍有暖氣設備。當時學生來源有三：一類為後方復員者，自視較高；第二類為日偽區學校轉入者；第三類為青年軍復員者。後兩者入學，多係分發而來，為第一類者所輕視。先生屬第三類，仍著軍服，被視為「丘八」之流。

　　在臺同學錄教四同學僅四人，即王慶毅、高煥文、白常占、任秉彝，皆日治時期學校轉來，相處融洽。教三同學有十餘人，一、二年級較多。教育系屬文學院，院長陸侃如，其夫人東大教授馮沅君，均著名之文學家。校長臧啟芳，遼寧人，1919 年赴美國留學，先在加州大學研究院研究經濟學、財政學，後轉入伊利諾大學，研習經濟學。1923 年回國，1939 年 7 月至 1947 年 10 月任國立東北大學校長，國民黨 CC 系，繼任校長為劉樹勛，奉天昌圖人，原工學院院長，無黨派。教育系主任趙石萍極受同學敬重，教授臧廣恩、史國雅等，對同學之課業及生活均甚關注。講師吳振芝，中央大學歷史系畢業，年輕貌美，衣著考究，授西洋史，初任教，準備充分，講課滔滔不絕。先生在上海商務印書館購有中譯厚冊《西洋史》，行軍時不忘閱讀，課考時，筆記與書本印證，吳對先生試卷大為讚賞，吳來臺後任教臺南工學院（即國立成功大學前身），教授「中國近代史」、「西洋通史」等課程。

1947 年 6 月，東北大學畢業照。

　　國共內戰期間，各地學潮嚴重，戰後學運的原因：
其一，對淪陷區的學生稱為偽學生，學生都必須參加甄
審，對敵偽專科以上畢業及肄業學生之資格則分南京、
上海、武漢、廣州、杭州、平津等六區舉行甄審。對學
生之甄審，分為畢業及肄業生兩部分辦理，畢業生甄審
合格者，由教育部集中三至六個月訓練後始發給證明。
另於北平、上海、南京、武漢、廣州、青島、瀋陽等七
處，先後設立七個臨時大學補習班，收容敵偽專科以上
學校肄業學生，予以補充訓練，並藉以進行甄審。此一
作法引起反彈。其二，復員不力，將淪陷區遷出的學校
搬回原址，就大費周章，廣大淪陷區各級教育的恢復、
整頓與淨化更無效果。當時的學生提出三反：反饑餓、
反內戰、反美。三要：要民主、要自由、要吃飯，政府
都無法滿足，使學生無法安心上課。東大受全國學潮之
影響，1947 年夏，左派學生以「反內戰」、「反飢餓」
為口號，進行罷課。左、右兩派對立，右派居於劣勢，
中立者希有安定求學環境，惟多沉默無力，且懼左派攻
訐。青年軍復員同學置身事外，不偏左右。罷課多日，
有不耐者，欲謀復課，而又不敢公開倡導。當時決定開
班代聯會討論罷課事宜，教四同學舉先生為代表，希望
先生支持復課，且云君為青年軍，左派不敢與君鬥。開
會時，各班代表頗多青年軍者，當時代聯會主席本為罷
課運動之首，見情勢不利，首先主動提議復課，立獲一
致贊同。此主席滿面縐紋，顯為富有鬥爭經驗之共派職
業學生，此次竟利用機會為校方立一大功，訓導長從此
倚為保護神，令其出入相隨。青年軍被舉為班聯代表

者，以先生班級最高，且曾為政工官，左派或認為此次復課，可能係先生主動，其實亦為被動者。此事不久，先生自東大畢業，趙石萍兼瀋陽師專校長，先生隨往任教，授「教育概論」及「三民主義」。東大自因復課而使代聯會主席趁機立功後，訓導處幾為共方勢力所控制，成為助中共反對國民黨之工具。東北國民黨屬 CC 系統，齊世英、臧啟芳等皆其著者，校長以無黨派者劉樹勛出任。臧廣恩亦 CC 系，彼為東大教授，本被派為哈爾濱特別市教育局長，後因該市為中共所佔，未能就任。先生為三青團員大罵 CC 系，臧師默然，當時實不知臧先生是 CC 系。

4. 陌陌千里急急行

　　先生自東大畢業至瀋陽師專任教，時為 1947 下半年，瀋陽情勢，日趨嚴重。任教期間，並在瀋陽市選舉事務所任宣傳股長。其時全國首次辦理國大代表、立法委員、監察委員選舉。前兩者由人民投票直接選舉，後者由省或院轄市議會議員投票選舉之。實際辦理選務者，為選舉事務所總幹事，由民政局長張建中兼任之，下設兩科，一為選務科，由民政局戶政科原班人馬兼辦；一為事務科，分庶務、宣傳兩股，新設。科長姓楊，為市長金鎮所引介，庶務股長房君為張所定，先生為宣傳股長，係為市新聞處長洪同所推薦。宣傳股之職掌，為選舉法令之宣達，選舉新聞之發佈等。張招待記者會之準備及聯絡，多由先生負責。張在記者會中之發言及問題之解答，多事先有所準備或臨時提供資料，始

能應付裕如。瀋陽被圍，糧源不濟，市長派楊科長隨軍
搶購食糧，先生代其科長職務。選舉提名，多事先內
定；亦有自行登記參選者，然當選機會不多。國代、
立委選舉，人民多參加投票，開票係在夜間進行，不准
參觀。

　　1948年初，東北情勢益危，物價飛漲。2月29日，
陳誠辭職至上海入院就醫。陳誠離瀋，救急猛藥已完全
失效，衛立煌繼陳誠職務，更是無藥可救。先生當時為
共方鬥爭目標之一，可能原因為任教瀋陽師專授「三民
主義」，此課程乃全校一年級共同必修科，亦國民黨黨
義教育，為中共所惡，當時以劉脩如編著之《三民主
義》為教本。先生純為教書而教書，然在共方視之，此
係國民黨之宣傳教育，授此課者，必有政治任務。

1948 年 2 月，回到部隊，官拜
少校。

　　當時形勢嚴峻，糧食時感缺乏，有無處存身之感，
惟有回到部隊，團體行動，反較安全。時第二○七師仍
駐瀋陽，先生離開部隊後，與軍中舊友不時見面。原同

營之連訓導員王成德相處有年，此時已調師政治部（改名政工處）第一科長，掌組訓，乃政工之重心，力挽先生協助，以少校政治教官職銜在該科工作。後王他往，先生即代其職務。返回軍職後，見官兵之生活與精神，大不如前，伙食品質尤差。如政工處伙食團配至營處，官長伙食迄未能解決，還是吃著士兵的副食，士兵當然不高興，此與抗戰時無法相比，先生復萌離營的打算。

先生屬於軍中文職人員，比較自由，要離職者，無有辭職之相關規定。此時平瀋火車不通，多賴空中運輸，航空機位較多，可買票搭乘，先生搭機先到北平，後來南下上海與夫人結婚。12 月 13 日，兩人由上海到南京。南京方面由於行政院已遷移至廣州，各機關人員爭相離去，空屋甚多，友人覓得彩霞街顏料坊八十六號南樓一棟，作為暫時棲身之所。時有京滬警備總司令部之成立，湯恩伯為總司令，總部設南京孝陵衛，胡軌為政工處長（童平山及張明先後繼任），王成德任科長，薦先生為少校科員。12 月 30 日，前往報到上班。

京滬總部政工處高官至多，先生的少校階級則成芝麻小官。1949 年 1 月 21 日，蔣中正總統引退，副總統李宗仁代之，向中共言和，謠言紛起。童代處長知先生為皖人，要先生往蕪湖一行，不必與當地駐軍聯絡，了解市面情況即可。次日，乘火車至蕪湖，至一同學姜學淮家，家中多女性，彼為獨生子，其母驕寵如孩童，留住其家，偕往江邊，見江面滿佈軍艦，江之南岸有守軍，次日至赭山安徽學院母校訪友後，回南京復命。

往蕪湖前夕，已感到情勢緊張，送夫人至南京下

關車站，登車去滬，有蔣佩霖叔嬸照顧，可為安心。2
月10日，先生至上海警總指揮所，即往蔣佩霖家晤夫
人。時第二〇七師自東北潰散後，在滬集中收容，移駐
臺北整訓，王成德歸隊去臺，先生適去杭州，未能同
行，故仍留滬。3月14日，王成德自臺北來信，住址
為「臺北市圓山忠烈祠陸軍第六軍政工處」，即「雄
獅」部隊。4月上旬，先生夫妻至南京，由於時局緊
張，兩人相繼前往上海，此時物價飛漲，5月24日匆
忙隨部隊登艦駛往臺灣，在這之前先生並未到過臺灣，
對臺灣相當陌生，真所謂的「陌陌千里急急行」，船經
舟山短暫停泊數日，30日，抵高雄港，6月12日抵臺
北，至此開啟先生在臺灣整整一甲子的歲月。

與于文桂兩次合影於瀋陽北陵，左為 1947 年，右為 1991 年。

第三章 轉折與再生——
遷臺初期

1. 誰知他鄉即故鄉

　　1949 年不僅大陸各地不平靜，臺灣雖一海之隔，未直接遭受國共內戰戰火的波及，然內部問題亦甚嚴重。一為省籍問題，1947 年二二八事件的影響延及至 1949 年之後，「外省人」成為一種抹不去的印記。二為通貨膨脹問題，臺灣通貨膨脹的程度不亞於大陸地區，雖然以運臺黃金做基礎發行新臺幣，但物價問題依然嚴重。三為特務與派系問題，由於大陸易幟，防止赤禍滲透成為政府重點工作之一，各單位都有忠誠考核，有些人成為時代的犧牲品。這是先生來臺初期的大環境，不論在工作或在生活上都面臨挑戰，但也是開啟先生民國史研究的重要關鍵。

　　不斷換單位、不斷換住所、不斷找尋新的生命起點，似乎是先生，或者也是許多「外省人」初來乍到臺灣的共同經驗，這些人好像是漂泊的浮萍，但是他們都想要有一個安身立命的地方。先生到臺北後最急迫的問題即是尋找一個棲身之處，終於在友人協助下租到臺北和平東路一段五十巷馬傑康家。居處安定後，即往臺灣警總政工處見童處長平山（前京滬警總上司），當即留任先生為政工處少校祕書。1949 年 8 月 16 日，東南軍政長官公署成立，先生調任該署政治部第三處為署員。

政治部主任為袁守謙。次年（1950）2月，東南長官公
署航委會成立船員講習會，調各商船公司之中、高級船
員等參加講習，目的在穩定其心理。會中廣邀各界名人
前來演講，如牟宗三講哲學，任卓宣講三民主義，沈昌
煥講外交，程天放講國際現勢等。船員講習會主任為俞
飛鵬（招商局董事長），行政分教務、訓導、總務三
組，先生任訓導員，月有津貼一二〇元，生活頗有改
善。至12月3日講習會結束，始回臺北。先生在東南
行政長官公署擔任署員時，識同事李士平上校，皖同
鄉，配有宿舍半棟約二十餘席，位於建國南路二四五巷
十二號，彼願讓配先生六席一間，加上走廊二席，計有
四坪，1950年3月下旬，經國防部總務處批准轉配，
3月27日自和平東路住處遷入。6月，韓戰發生，美第
七艦隊協防臺灣海峽，使岌岌可危的臺灣，獲有較安全
的保障。考試院為準備光復大陸後的人才培育，乃有高
普考試之舉辦，此亦首次在臺辦理，先生報名參加高考
教育行政類。9月15日至17日，在和平東路師範學院
連續應考三天。10月31日，蔣總統六秩晉四華誕，高
普考發榜，先生有幸錄取。同榜中後來在學界卓有聲望
者，如李崇道（上海，畜牧獸醫）、姚朋（河北，普通
行政）、王兆徽（哈爾濱，普通行政）、鄭憲（福建，
外交）、張朋園（貴州，衛生行政）、呂實強（山東，
普考、普通行政）等多人。

　1950年12月初，船員講習會結束，適成立國民黨
航業海員黨部改造委員會，設臺北市泉州街六號，原講
習會人員全部至黨部工作。俞飛鵬任主任委員，楊清植

為書記長。楊原任講習會教務組長，軍統要員，曾任北平警察局長。國民黨航業海員黨部下轄祕書室及組訓、宣傳、社調、工運四組，人員廣納四方。組訓組負責人晏益元，為谷正綱（中央組訓負責人）所派。宣傳屬俞之浙江系，社調及工運屬軍統唐縱系。先生在工運組任幹事，總幹事杜賢達。航業海員黨部每值選舉，即見派系鬥爭，最激烈者，為谷正綱與賀衷寒（交通部長）之間，軍統方面多支持賀系而排擠谷系。1952 年 10 月，國民黨改造完畢，是月 10 日，舉行七全大會。此前，各種黨部選舉代表，出席大會。航業海員黨部同人亦可選出代表一名。依倫理，應一致選主委俞飛鵬為代表，然俞無表示，蓋認為必然當選。俞平日高高在上，鮮與同人接近。開票結果，岑士麟以多數票當選，俞竟落選。

1952 年 6 月，先生長公子世安兩週歲，可送托兒所，夫人要先生為她找一工作，無能為力，她頗怨先生不盡力。東大同學印斗如在美爾頓補校由補習英文而教英文，介紹夫人去教中文。從 10 月 15 日起，送世安入托兒所。1954 年元旦，次子正安出生，3 月，在民航局工作之安徽學院同學馬懷鈴告知：「民航局招考人事管理員一名，待遇頗優，不妨一試」，後被錄取。報名者多人，劉鳳翰即其一，時在產業黨部任職，彼曾大鬧民航局，謂考試有問題，後入中央研究院近代史研究所，研究軍事史有成就，亦成先生之好友。四月先生離開航業海員黨部至民航局，將近五年之中，已五易工作機關，其中以航業海員黨部時間最久，生活逐漸穩定。雖

在民航局航用電台管人事，待遇頗豐，然職責所在，必
須遵守辦公時間，工作極為枯燥。電台多為通訊技術人
員，由於志業不同，加以深感顛沛流離多年，應再加強
充實自我，友人印斗如時就讀蕭錚主持之地政研究所
（後併政大），力勸先生報考，乃於次年（1955 年）
度考入政大教育研究所。

2. 磨劍──政大教研所治學奠基

　　政治大學歷史悠久，原為 1927 年國民黨在南京成
立「中央黨務學校」，第一任校長為蔣中正，係為國民
政府培訓官員的中央教育機構。1929 年更名為「中央
政治學校」，1947 年配合訓政改憲政，與蔣經國領導
的三民主義青年團的中央團校「中央幹部學校」合併，
改組為「國立政治大學」。1954 年 7 月，政治大學在
臺灣復校後，首任校長是曾任北京大學代理校長的心理
學家陳大齊先生，初期設立行政、公民訓育（旋改教
育）、新聞及國際關係（外交）等四個研究所，所長分
別為陳雪屏、邱昌渭、曾虛白、崔書琴等，1955 年恢
復設立大學部。教授有羅家倫、黃建中、浦薛鳳、王雲
五、薩孟武、翁之鏞、趙一葦、謝幼偉、王鳳喈、趙麗
蓮、劉季洪等，可謂極一時之盛。

　　先生的史學涵養與治學態度，一是植基於就讀政大
教育研究所的訓練，一是至國民黨黨史會工作。教育研
究所的治學方法雖與歷史研究不同，但對制度的考訂與
資料的分析則極為相似。先生原本就是東北大學教育
科畢業，雖然在大陸時期也接觸到歷史書籍，但較熟悉

的還是教育相關領域。1955 年，進入政大教研所，辭去民航局工作，收入頓少，研究生雖有津貼，惟月僅三百元，僅敷伙食之需，為應家庭生活所需，必須另謀收入。建國中學校長凌孝芬，定遠同鄉，經其侄凌厚生（師範教員）之介紹，凌校長聘先生為建中夜間部教員，授初一各班地理，較無負擔，對就讀教研所毫無影響，故能於兩年完成碩士學位，實托凌校長之助。凌為中央大學教育系畢業，高考教育行政及格，頗以先生為其同鄉後進為幸。教研所長初為陳雪屏，繼為吳兆棠。教研所目標在培養大專三民主義教師及訓導師資，故初名公民訓育研究所，後來校長陳大齊接受建議改名為教育研究所。師生間互相尊重，薩孟武授「中國政治制度研究」，兩學期的講授僅及前漢，運用文獻，廣徵博引，可習得資料應用之方法。陳雪屏授「教育心理學研究」，分述專題，抽絲剝繭，層次分明，可以領悟分析、綜合方法之運用。其他如劉季洪、羅家倫、邱昌渭、黃季陸、謝幼偉諸教授的課，均有啟發。由於先生服務社會已有八年，重溫學生生活，理論與經驗印證，對問題之思考較能深入。對先生的畢業論文有啟發作用者，為劉季洪「教育行政研究」的學期研究報告。因在民航局管人事業務年餘，又以在建中任教，乃以教師待遇為題，參閱聯合國教科文組織（UNESCO）各國中小學教師待遇調查報告，作一分析比較，以各國國民所得為標準，衡量待遇之高低。所得結論：進步國家教師待遇在其國民所得之地位，遠不如落後國家。劉季洪大為欣賞，鼓勵備至，先生乃以〈中小學教師薪給標準之

研究〉為畢業論文之題目，請楊亮功指導。楊時任考試院考試委員，主持職位分類，以《社會科學研究百科全書》一大厚冊相贈，其中有研究「教師薪給標準」（Teacher Salary Schedule）一章，介紹各國各種薪給制度及其利弊得失之研究概況。細讀之，頗有心得。使先生對此問題研究之基礎，益為廣厚。所謂名師指點，不同凡響。乃就此擬訂論文架構，搜集資料，並向習經濟學之沈宗藪講師惡補國民所得相關知識，以供衡量教師待遇之理論基礎。

論文結論，以專業訓練程度之單一薪給標準（Single Salary Schedule）最能鼓勵教師專業，提高教師素質。論文考試委員除指導教授外，尚有劉季洪、鄭通和、韋從序、吳兆棠等教授，均予好評，此為先生治學首獲肯定。

第四章 十年學徒與出師
——黨史會歷程

1. 孕育史學基礎的寶庫

　　政大教研所期間的訓練，奠定先生寫作方法論的基礎，但以史料為基礎進行細膩的考訂與研究，則與黨史會工作有關。先生自大學至研究所所學均為教育，至黨史會任職，實為一大轉變，開啟其一甲子的史學研究生涯。黨史會是中國國民黨中央委員會的單位之一，全稱為「中國國民黨中央委員會黨史史料編纂委員會」，甚長，因此史學界簡稱為黨史會。1928 年 6 月，國民革命軍在克復北京之後，奉系退往東北，戰事還在進行，不過大勢底定。蔣中正、丁惟汾、陳果夫等委員，在 1928 年 8 月 4 日舉辦的中國國民黨二屆五中全會，提議設立黨史編纂機構，雖經通過，但未及實施。俟東北易幟，北伐結束，中國國民黨召開第三屆全國代表大會，有鑑於黨史為精神所託，能策勵後人、鑑往知來，為保存國史與黨史，乃於 1929 年 3 月 18 日中國國民黨第三屆中央執行委員會第一次全體會議中提案，在中央執行委員會組織下，增設黨史編纂委員會，同年 12 月正式成立。由於國民黨自孫中山聯俄容共以來師承俄國若干制度，施行以黨領政，民國歷史的發展與國民黨脫離不了關係。後來經多次的遷移整編，史料更為多元而豐富。

　　戰後曾一度考慮與國史館合併，隨著國共內戰戰事變化，1948 年政府已經進行黃金及故宮文物的遷臺計畫，黨史會所管資料疏遷，與故宮決定遷運的 11 月 10 日，相差僅三周。1948 年 12 月 1 日，黨史會召開第四次例行的工作會報，會中提及戰局逆轉，史料必須做疏遷準備，提請召開委員會議決定疏遷原則，相關經費因黨史會預算已歸國史館填報，也做成黨史會應該派定人員向國史館討論經費的決議，疏遷之事已在醞釀。[1] 12 月 6 日，中國國民黨中央執行委員會祕書處正式函請黨史會準備疏遷，黨史會在收到通知後的第二天召開第 13 次委員會議，討論疏遷事宜。蔣中正收到黨史會擬遷至長沙之簽呈，口諭蔣經國，要黨史會與國史館先估算資料總量後再行定奪。兩單位奉示調查後發現，如黨國資料全數裝箱遷離，將高達 4,500 箱，運費粗估需要 880 萬元，規模過大，不得不加以揀選。因國史館成立未久，各政府機關檔案移遷者不多，所藏多為傳記志籍，並不特別重要，而革命史蹟與國民政府時期的重要史料仍多藏於黨史會，估算大約 150 至 200 箱間便能裝運完成。蔣經國建議將這批重要史料裝箱運往臺灣，由總統府第三局局長俞濟時洽詢海軍部所屬軍艦運送，交臺灣省主席魏道明尋覓適切地點存置，所需費用由臺灣省政府墊付，再由國庫撥還，蔣中正批示：「照運臺灣可也」。1948 年 12 月，黨史會奉命疏散史料，即選

1　「第 4 次工作會報會議紀錄」（1948 年 12 月 1 日），〈中國國民黨黨史會史料〉，《中國國民黨史料》，中國國民黨黨史館藏，檔案號：史 38/70.4。

擇重要史料 180 箱，先有一部分隨總統府專輪遷運臺灣，存放臺中市政府內。其後另有總裁辦公室的檔案陸續運臺。[2]

其後又將次要史料 263 箱及檔案、圖書等隨中央祕書處專輪運抵廣州，存放中山紀念堂。1949 年戰局逆轉，武漢與上海都在 5 月淪陷，南昌於 6 月失守。廣州失陷之前，黨史會於 1949 年 7 月經第 14 次委員會議，決定將存於廣州的次要史料重新分裝，共 580 箱，一併遷臺。黨史會經與聯勤總司令部協商，由其協助派裕中輪船股份有限公司所屬裕東輪載運史料，並派姚薦楠等押運。[3]該輪於 7 月 28 日自廣州出發，存置廣州的史料遂全數運臺，轉置臺中市政府。[4]再由臺糖的小火車從臺中運到草屯附近的新庄，暫存新庄里民集會所。不久，遷入附近的文昌廟，後來才買下荔園作為史庫。

1957 年 7 月先生在政治大學教育研究所畢業後，值黨史會主任委員羅家倫在政大教研所教授《民族主義研究》，囑沈宗薇先生推薦畢業同學三名至黨史會工作，沈薦李雲漢、梁尚勇及先生等三人。時黨史會史庫

2　蔣中正雖在 1949 年 1 月下野，仍兼國民黨總裁之職，蔣隨即指示將總裁辦公室全宗檔案連同中央銀行黃金同艦運臺。檔案運臺之後，原暫存高雄壽山，1949 年移轉至桃園縣大溪鎮頭寮賓館，並於 1950 年成立「大溪檔案室」整理存藏，「大溪檔案」之名，始成於此（即目前典藏於國史館的《蔣中正總統文物》）。

3　「人事室致姚薦楠等留字第 195 號函」（1949 年 7 月 20 日），〈中國國民黨黨史會史料〉，《中國國民黨文物》，中國國民黨黨史會藏，檔案號：史 38/67.49。

4　上述黨史會遷移之經過參酌王文隆，〈中國國民黨黨史會暨史料遷臺經過〉，《臺灣文獻》，第 66 卷第 4 期（2015.12），頁 105-111。

在南投草屯之鄉間，交通不便，梁年輕，未婚，亦無女友，不願前往，僅先生與李雲漢願往。兩人從同學、黨史會同志、同事、同道四同相交超過一甲子，最難得是兩人有爭論但無大爭執。

李雲漢那時雖未結婚，但正和夫人韓榮貞小姐熱戀中，決定到荔園史庫工作。先生之所以選擇黨史會者，一因待遇較一般公教為優。再者夫人的就業及宿舍問題得獲解決。時臺灣省政府疏遷南投草屯附近，新建中興新村，設有中興中學。校長宋鴻域，楊亮功之安大學生，教務主任汪慧佛，為先生的同學及從軍伙伴。因之夫人往任教至便，且教師配有丙級宿舍一棟，兩臥一廳，有廚房衛浴設備，計約十七坪，較在臺北市之四坪斗室寬大多。三為先生若留校任教，最為理想，然競爭至烈，多方面考慮下決定到「荔園」工作。

荔園，位於臺灣省中部南投縣草屯鎮的鄉間，原是一座舊式的合院，建於日治時期。屋主姓洪，是當地一位富有人家，後來家道中落，這座合院便出售給黨史會作為史庫。荔園面積約佔地千坪，建有ㄇ式平房一座，土牆瓦頂，冬暖夏涼。正面大廳三間，坐南向北，東西兩邊各有廂房一排。大廳的正對面建有一道照牆，院內有幾棵桂樹和百合花，經年花香撲鼻。更有龍柏數株，益增庭院之美。房之四周圈以圍牆，高約丈許。牆外均是農田，牆內植有荔枝樹多株，盛產荔枝，故稱「荔園」。

剛開始先生和李雲漢還不太熟，兩人都就讀政大教研所，李雲漢比先生高一年級，因補修大學學分，同時

畢業，李先生當時覺得先生有點「老油條」味道。兩人
志趣有別，然因為兩人兩張辦公桌面對面而坐，了無顧
忌的談論，從此共同走入學術研究道路上，「成為直、
諒、多聞多見、亦文亦史、時相切磋的終生益友」。[5]

　　當時黨史會的主任委員是羅家倫，副主任委員為狄
膺、洪蘭友，狄先生去世後，傅啟學繼任副主任委員，
經常協助羅先生編輯史料。羅先生和傅先生對於黨史史
料不但是內行，而且具有高度的興趣，編輯和撰寫，都
是親自動手。其時黨史會的工作單位分為祕書、編輯、
徵集、典藏，總務等五個室，置祕書一人，總幹事四
人，下置專門委員、編審、幹事、助理幹事若干人，分
配在各室工作，計約工作人員三十名。此外還有纂修、
採訪數人，是黨國元老，不必辦公。其他各室在臺中市
政府內辦公，羅、狄在臺北，偶來史庫。

　　荔園史庫，實際就是黨史會典藏室，人員如下：總
幹事一人，專門委員一人，編審三人，幹事及助理幹事
三人。負責人是總幹事張大軍，軍人出身，其作風亦如
軍人，喜歡命令指使。蓋羅先生認為看守史庫，要有
軍事經驗。尤其那時在疏散期間，隨時準備應變，以軍
人為適當。史庫專門委員李振寬，自 1930 年黨史會在
南京成立起，便到黨史會工作，從低級雇員做起，對於
史料非常熟悉，某件史料放在何處，一問便知，甚至某
些史料的號碼，都可記得。但其史料之存放，亦有其祕

5　李雲漢，〈懷念我與蔣永敬兄的「荔園時代」〉，《傳記文學》，
　　第 113 卷第 2 期（2018.8），頁 32。

訣，別人絕對無法找到，堪稱獨得之密。羅家倫先生極欣賞之，稱之為「活史料」。彼年事雖高，而身體健壯。人手既增加，乃分攤保管。

先生與李雲漢進入黨史會工作，係在 1957 年 8 月，名義為編審，乙等職，先生謙稱「十年學徒」。同等職者尚有幹事，其上為甲等職，曰祕書、總幹事、專門委員，其下為丙等職，曰助理幹事等。

先生與李雲漢等初到史庫時，數百箱史料以粗糙木箱堆集屋中，調取史料時，須搬動木箱尋找。先生分管北伐至抗戰時期史料，李雲漢則為興中會至護法時期。當時的史料箱，多由南京裝運史料而來，用簡單的木板釘成，有大有小，很不整齊。只好把這些箱子堆砌起來，將箱蓋的一面對外，在蓋的上方釘以小釘，用小麻繩把它鏈住，以便開閉。如調史料，查出號碼，按號取出即可。這是最簡單而機械的辦法，就不必背記史料的號碼及其存放的所在。某次，羅家倫到荔園手執史料目錄，巡視先生經管的各箱史料，考問某件史料藏處，先生因為整理檔案時，各箱標以所存史料類號，根據目錄，依次排列。因此按史料目錄查出號碼，既簡單又清楚。

先生和李雲漢到荔園後，除了每人保管百餘箱史料外，還要做史料號碼的貼籤和登記目錄，這是用體力多，而用腦力少的工作。天氣好的時候，要把箱中的史料一捆一捆地抱到庭院中，放在網架上晾晒；同時要按照目錄逐件打開查對，如有缺少或與目錄記載不符，便須登記下來，作為請示處理的依據。下班前，要收回原

位。尤其夏日炎熱,弄的滿身是汗和灰塵;史料箱中因置有殺蟲劑,刺激全身紅點斑斑,痛癢不堪。那時不但沒有冷氣,連電扇也是稀有之物,工作環境甚差。

此外,行政體系亦有問題,工作常受干擾,記得有一次,李雲漢早晨到公,忽然發現他經管的百餘箱史料,不翼而飛,緊張之餘,趕快去找。結果發現橫七豎八的堆在另一間庫房中。李雲漢認為自己的職守,受到無理的侵犯,乃大發脾氣,從此再也不和那位侵犯他的人交談。羅先生不知原由,來到荔園,在一次會議中,指斥雲漢態度不對,李雲漢對面告訴羅先生說:「我做不好,另請高明!」羅先生畢竟是長者,立刻緩和語氣,改變態度。

當時由於國史館遷臺之際未能將檔案移至臺灣,研究民國史的重要寶藏地即是荔園,許多中外有名的學者紛紛到荔園尋寶。國民黨建黨以來之史料,至為豐富與珍貴。就時間言,起自1894年興中會成立而至目前,未有間斷。就種類言,含革命人物傳記、回憶錄、函扎、墨蹟、原始文件、會議紀錄、檔案、照片、實物,以及報刊、書籍等,為研究近代革命運動及近現代史不可或缺之資料。由於國史館檔案未能遷移至臺灣,黨史會的資料,愈為珍貴,馳名中外,頗多中外學者來此參閱史料,從事研究,至此黨史會在臺灣成為學者的朝聖重地。

當時在美國研究中國史到過荔園的年輕學人有:鄭憲、李本京、陳福霖、李又寧、唐西平、吳天威、吳文津、余秉權等多人。鄭憲到荔園較早,搜集同盟會時期

的資料，為人豪爽好客，不幸在美病逝。李本京和夫人也曾一同到過荔園，陳福霖研究廖仲愷，利用黨史資料，如魚得水，他經常往來香港與臺北之間，比先生來往臺中與臺北之間還要頻繁。李又寧左手夾香煙，右手寫字，悠然自得，人緣最佳，到處受歡迎。

　　國內學者到荔園蒐集有關資料者則有：中央研究院近代史研究所所長郭廷以、黃季陸、考試院考試委員陳固亭、國立中興大學校長湯惠蓀、吳相湘及中央研究院近代史研究所王聿均、張朋園、張玉法、李毓澍、王德昭、劉鳳翰、國立政治大學陳聖士等人，總之，當年的荔園，貴賓如雲，生氣勃勃。

　　到荔園較早的，要算吳相湘，吳在荔園研究宋教仁。後來王德昭也到此查閱資料，王研究中山先生思想，他們是利用假期來參閱史料，在荔園都住過很長一段時間。郭廷以、張貴永、全漢昇等也都不只一次到荔園。有一次莊萊德大使夫婦來荔園，攜有即照即沖照像機一架，拍攝人像或文件，可以立時抽出照片，非常方便。

　　荔園平時寂靜無聲，只有外賓來訪時，才顯得熱鬧。大約在 1962 年夏間，羅主任委員陪同韋慕庭教授（Professor C. Martin Wilbur）來到荔園，並特別將先生向韋教授介紹，說韋教授在荔園研究期間，由先生負責接待。韋教授是紐約哥倫比亞大學中國近代史教授，當時並兼該校東亞研究所所長，中國留美學生研習中國史的，大多出其門下。這年他到臺灣大學任客座教授，住在臺北市基隆路學人宿舍。每週必來荔園停留幾天。

　　韋教授在荔園時期，研究中國國民黨改組到北伐時期的國共關係。用鉛筆在卡片紙上寫來擦去，像小學生做作業一樣，很有意思。黃黃的鬍子，使人有親切之感。那時先生正在研究「鮑羅廷與武漢政權」，相談甚歡，不久便成為好朋友。有一次，他向中央研究院近代史研究所推薦，要先生去作一次報告。有人曾經告訴先生：「外國人請客或邀請演講，不能推辭不去，否則便是失禮。」故先生接受前往，後來接獲所長郭廷以的通知，心情十分緊張，到了會場，精神更為戒慎恐懼，在座除了郭所長和韋教授外，還有張貴永、胡秋原、沈雲龍等先生，以及近史所的專家學者多人。先生報告兩小時，沒有留下給人發問的時間；還說沒有講完，約定下次再來報告一次。不久，張貴永到荔園，在樓梯中遇到先生，鼓勵繼續努力作研究。

2. 研究從考訂出發

　　先生到黨史會時，吳相湘教授[6]已至史庫參閱史料，寄住草屯小旅館，治學精神可佩。彼告訴先生及李雲漢，史庫收藏如此珍貴，應珍惜利用研究，可先從人物年譜入手，熟練史料之考訂與運用。先生因有《胡漢民先生年譜》（簡稱《胡譜》）之作，[7]李雲漢則有

6　1965 年被任為正中書局總編輯，有專用三輪車及車伕，主編《新時代》月刊，吳相湘教授任正中書局總編輯未久，在文星書店編印《中國現代史料叢書》中收入謝彬著《中國政黨史》，記有「蔣介石加入中共」字句，立法委員胡秋原在立法院向政府質詢，吳在正中之職不僅被停，且除其國民黨籍。

7　蔣永敬，《胡漢民先生年譜》（臺北：中國國民黨中央委員會黨史委員會，1978）。

《黃克強先生年譜》之作。撰寫《胡漢民先生年譜》過
程中，接觸諸多相關問題，須求相關資料解決之，每
獲關鍵性的資料而使問題得以解決時，如獲珍寶，其
樂無窮，致研究興趣為之益增，如同進行雀戰，幾可
廢寢忘食，全力以赴。遇國共分合問題，查閱 1924 年
至 1927 年廣州、武漢、南京之檔案，發現史料頗為驚
奇。如國民黨北京黨部孟湘鑑（共黨）1927 年 7 月間
向武漢方面之報告，稱「楊度同志」[8]如何向彼等傳遞
祕密消息，促李大釗逃避北京軍警之搜捕，以及活動山
東大軍閥張宗昌與武漢方面妥協。又如武漢國民黨中
央各種會議之速紀錄，所記與會要人如鮑羅廷（M. M.
Borodin）、汪精衛、顧孟餘、孫科等之發言與對話，
至為精采。《胡譜》於 1961 年在《中國現代史料叢書》
第三冊刊出，戒嚴時期，行文及引用資料，特須小心。
湯山事件問題，引董顯光著《蔣總統傳》之記述，不免
避重就輕，蓋非如此，必有麻煩，中研院近史所所長
郭廷以在其《回憶錄》中肯定《胡譜》有新資料、新
風格。

　　1958 年 10 月，羅家倫先生主編之《國父年譜》初
稿上下兩冊出版，會內同仁人各發一套。羅主任委員甚
為滿意，輒以此書贈人。蓋國民黨黨史會自 1930 年成
立以來，對《國父年譜》之編纂工作，未曾間斷，然僅
成油印稿，多錄長篇文件，曾送各方徵求意見，迄無正
式出版。1958 年出版之年譜，稱「初稿」，以示慎重，

8　周恩來臨終前特別留言，謂楊度早年加入彼黨，乃「同志」。

但亦黨史會創舉。1962 年初，羅先生來草屯史庫，召集工作人員開會，提出《國父年譜》初稿之補充與修訂，每人分配一部分，分頭進行。先生與李雲漢及李振寬三人先行交卷，餘皆無應。羅主任委員不耐，4 月中再來史庫，重新分配工作，而以先生及李雲漢為中心，為此羅先生常有信函指示一切，並希望於三個月內完工。

先生與李雲漢係新進，兩人已編有年譜，治史已有經驗，故盼先生與李雲漢負其實際工作，然以會中多舊人，年資、職位均高於先生二人，自難越俎他人分配部分。羅主任委員要先生總其成，然因職位低，一再謙辭，羅先生不允。羅主任委員對於《國父年譜》之補充與修訂，為何如此急迫？日後才得知羅剛《國父年譜糾謬》一書之發行，聞將向國民黨八全大會（將於 1963 年 11 月舉行）散發，並呈蔣總裁謂羅家倫主編之《國父年譜》錯誤百出，應行毀版。蔣總裁令交付審查，事態嚴重。羅剛之《國父年譜糾謬》起初未見其公開發行，故先生等亦未見其書。是年 12 月 1 日，羅主任委員始將此書交下，先生曾考訂羅剛之《國父年譜糾謬》亦發現許多錯誤。例如《國父年譜》記孫中山 1909 年 11 月 8 日至 1910 年 1 月 18 日間在紐約活動情形。時香港革命黨人正在籌劃廣州新軍起義。《國父年譜糾謬》謂黃興自香港致電在紐約之孫中山請其籌款，而《國父年譜》隻字不提，實謬。經考訂，黃興此時不在香港，正在日本東京躲債，何能在香港致電中山？羅主任委員大為欣賞。

　　羅剛之《國父年譜糾謬》有百餘條，至辛亥革命時
期止，逐條考證，自極繁重。先生將《國父年譜糾謬》
各條列表對照，何者是《國父年譜》錯誤，何者是《國
父年譜糾謬》錯誤，均須根據資料註明之。且雙方所用
資料之可信度亦須比較說明，此項工作完成後，即抄送
羅家倫審閱。

　　《國父年譜》二稿成，聞羅剛已自黨史會取得一份
複印本，羅家倫召先生至臺北，羅剛央吳相湘介紹與之
見面。其後羅剛決心撰《國父實錄》，稿未成即離世。
其夫人羅范博理女士繼其志，集基金聘專人，請先生校
訂，卒完成《實錄》十餘冊。

　　《國父年譜糾謬》風波平息，羅主任委員命先生與
李雲漢就《國父年譜》初稿作全盤之考訂，並就黨史會
原始資料作大量之補充。1965 年為孫中山百年誕辰，
《國父年譜》增訂本出版，羅為其作〈導言〉。

3. 亮劍——學術研究獲肯定

　　由於撰寫《胡漢民先生年譜》接觸到各種史料，深
覺聯俄容共期間有許多待釐清之處，即以武漢國共之分
合作為研究主題，書名擬為《鮑羅廷劫持武漢政權之經
過》（簡稱《鮑書》）。寫作工作進展至速，至 1960
年底已成初稿，寄送羅家倫先生審閱。《鮑書》在羅主
任委員之促成下完成。1963 年由中國學術著作獎助委
員會獎助出版，該會之郭廷以先生建議書名改為《鮑羅
廷與武漢政權》。先生在〈自序〉中說明其研究原委：
「（鮑）從民國十四年孫中山先生逝世後在廣州起到

十六年在武漢這一段時間，真是毒焰燻天，炙手可熱。
但是他所用的這些權謀和指使，因其原始文件的隱蔽和
喪失，以致外間很少人知道。……這個空隙，在我方所
保留的這項文獻，正好加以研究和補充，也正可以明
真象而正視聽。」[9] 過去中外著作，多以中共首領陳獨
秀為機會主義者。《鮑書》根據檔案資料，指出真正
之機會主義者，乃為鮑羅廷，陳不過奉命行事而已。
此書出版後，紐約哥倫比亞大學東亞研究所教授韋慕
庭在 1965 年 8 月出版的《亞洲研究》（*Journal of Asian
Studies*）發表書評，介紹此一新著。

　　其後李雲漢有《從容共到清黨》一書出版，國民黨
黨史會益為國際學界所重視，兩書對國民黨黨史研究貢
獻甚大，此皆為羅家倫主任委員的鼓勵與包容下的成
果。由於先生與李雲漢在黨史會傑出的表現，漸受重
視，對工作之分配，亦超乎其職位。羅主任委員知先生
不滿低職位，常謂大學問要從故紙堆中爬梳，以國際
水準為努力之目標。對先生期望甚殷。直到 1964 年 5
月，始獲升為專門委員，由乙等職升為甲等職，實得
之不易。

　　中國學術著作獎助委員會對當年臺灣青年學者研究
著作之鼓勵與獎助出版，有其重要貢獻。此事的推動，
實由韋慕庭教授促成，亦因《鮑羅廷與武漢政權》而
起。1961 至 1962 年間，韋教授來臺訪問研究，任臺大

9　蔣永敬，〈自序〉，《鮑羅廷與武漢政權》（臺北：傳記文學出版社，
　　1972），頁 1。

客座教授，並至黨史會草屯史庫參閱史料，研究北伐時期問題。羅主任委員要先生助其提供史料，便利其研究1920年代中期北伐時期問題。

當韋慕庭正式至史庫後，得知先生正利用史庫收藏與鮑羅廷有關會議紀錄，研究1927年鮑羅廷與武漢政府，此乃恰為韋所研究北伐時期之相關問題。因之，對先生之研究大感興趣。韋告知先生，著作完成應即出版，特找亞洲基金會辦事處主任畢克（Douglas Pike）商量。建議成立一項基金，以獎助青年學者社會科學與歷史方面著作之出版。畢克欣然同意，因即成立一獎助委員會，由郭廷以先生主持。《鮑書》著作首獲獎助出版，得獎金五百美元，此乃一筆巨款。

韋教授來史庫前，羅主任委員深知韋對史料十分內行，希望妥善應之。迨來史庫，就其研究所需，擇其重要之文件供應之。彼頗注重經費方面之史料，亦儘量滿足其所需。如南昌軍務會議分配各軍經費之紀錄，彼至感興趣，曾贈先生彼與夏連蔭（Julie Lien-ying How）合作編著之《國共與在華俄顧問文件》（*Documents on Communism, Nationalism, and Soviet Advisers in China, 1918-1927*, New York: Columbia University Press, 1956）一書，其中有一文件為1926年12月29日《臨時聯席會議紀錄》，係從《蘇聯陰謀文證彙編》之中文文件譯為英文；而《文證彙編》之文件，又自俄文譯為中文；而俄文又譯自中文。如此輾轉翻譯，則有三次之多。先生謂韋曰：此件原始文件在史庫，即調示之。但依史料管理之規定，國民黨會議紀錄尚未公開，故不能抄錄。韋教授對

此已有了解。彼對此文件，頗為重視。其時彼住臺北市基隆路臺大學人宿舍，於 1962 年 4 月 30 日致函黨史會，詢此件會議紀錄之有關問題。韋教授之意，顯然欲與史庫原件相對證。圓滿解決之法，先生陳明羅家倫應作為個案處理。韋教授在草屯史庫亦不時與先生討論北伐時期諸問題，如南京事件，一般著述，甚至中美解決「寧案」之公文書，均指為中共林祖涵在南京煽動指揮。今據原始資料，事件發生之日，林正在武漢而不在南京。韋對先生所研究之鮑羅廷與武漢政府，尤感興趣。韋又從美國購得相關參考書多種相贈，且安排先生於 1966 至 1967 年至紐約哥倫比亞大學東亞研究所訪問研究一年，彼對先生之鼓勵，真無微不至。

先生可以說是翻升黨史會學術地位的重要貢獻者，呂芳上曾言：「對黨史會學術地位的提升而言，我必須說蔣先生的貢獻非常大。」[10] 許倬雲也提到：「李雲漢與蔣永敬也在中國現代史研究中貢獻至鉅。」[11]

4. 異國知故情

為慶祝孫中山百年誕辰，黨史會編印叢書多種，先生等戮力以赴。羅主任委員常召先生至臺北協助編校工作，經常獨自忙至深夜。先生寄宿中山北路之國父史蹟紀念館，為提高工作興致，常備烈酒及花生米，一邊品

10 呂芳上，〈追隨半世紀：懷念永敬蔣公〉，《傳記文學》，第 113 卷第 3 期（2018.9），頁 48-49。
11 許倬雲，〈百年歷史學發展〉，《中華民國發展史》，學術發展·上冊（臺北：聯經出版公司，2011），頁 98。

酌一邊閱稿，且香煙不斷。由於先生素有胃病，乃至胃痛不支，返回中興新村家中休息。然病體未見轉好甚至吐血，不得不告知夫人前往中興醫院住院治療。然該院設備不佳，醫師水準亦不高，擬待療養稍佳後轉至臺北榮總治療，如此拖延，不時陣痛。夫人忙於教課及照顧幼兒，夜間由中興新村友人朱雲霞、王慶咸等陪伴之。後來又發病，照 X 光，乃胃穿孔，如不立即手術，則已無救。1965 年 10 月 24 日適有一輛中型車來自臺北，停留中興新村，朱雲霞央其載先生送往臺中醫院。醫院派一護士隨車。途中夫人問先生願往何醫院，曰市醫院。迨入院，照 X 光，將扶立，即休克。醫師曰：立即麻醉、手術。待甦醒，大感舒服而無劇痛。朱轉述醫生之言：胃裂，血流腹中，已吸淨，胃割去三分之二，將可新生復原。一週後出院。從此不再胃痛。先生住院時，適臺灣光復二十週年紀念，叢書編校工作已畢，幸無影響。羅主任委員得知先生病情，甚為焦慮關切，後幸完全痊癒。

　　所謂「大難不死，必有後福」，11 月 12 日，孫中山先生百年誕辰之日，先生得到教育部「三民主義學術獎」，閻振興頒發獎狀，並有獎金十萬元巨款。繼之者為紐約哥倫比亞大學東亞研究所寄來邀請函，以「客座學人」（Visiting Scholar）名義，訪問研究一年（1966-1967），每月生活津貼美金五百元，在美旅行考察費用另給，往返機票由亞洲基金會補助。此不僅待遇優厚，亦為至高之榮譽，此亦由韋慕庭教授促成之。《鮑書》完成後，「先生注意到史庫有一批二次世界大戰期間越

南革命黨人在中國活動的資料，以及早期若干原始文件，對於了解越南獨立運動十分有價值。當時正值越戰高峰，先生遂以越共創始人胡志明與中國之關係為主題，進行相關研究。」[12]

　　申請至美國哥倫比亞大學辦理出國手續關卡至多，先由服務單位批准，再向主管部門申請，允准後，辦理出境許可，然後向外交部請發護照，最後由美國領事館簽證，取得機票，方可出國。首向羅主任委員報告，請准出國及留職留薪。羅主任委員恐先生一去不返，頗為猶豫，勉強同意轉中央祕書處核准。一般出國研究或進修，應向教育部國際文教處申請。一開始並不順利，後來韋教授來臺，陪先生至文教處查明如何辦理，承辦人見先生又來，且帶一洋人，甚不悅，竟出言不遜，經介紹此為韋慕庭教授，此人態度立變，前倨後恭，即告知可向僑委會申請，才得以順利成行。韋教授恐美領事簽證留難，特留一函於簽證時轉致，迅即取得簽證。

　　時韋教授兼哥大東亞研究所長，授中國近代史研究，指導論文，唐德剛、薛君度、徐乃力、李又寧、夏連蔭、陳福霖諸名學者多出其門。臺灣方面則有張朋園、張玉法、蘇雲峰、李雲漢等。韋特別囑先生經香港，介紹夏連蔭小姐陪同訪問張發奎將軍。因先生赴美研究主題，為越共創始人胡志明與中國之關係。胡在二次大戰期間回越革命而至建立政權，得自張之援助實

12 劉維開，〈民國史學者蔣永敬〉，《漢學研究通訊》，第 38 卷第 1 期（2019.2），頁 28。

多。黨史會史庫藏有越南革命運動檔案。時越戰方殷，
先後經過對法、對美戰爭，較之中國對日抗戰尤為壯
烈。胡之影響，不可忽視。韋知先生對此題的研究有興
趣，故特安排先生赴美訪問。經港須辦英領簽證。到港
通關，關吏態度惡劣，說粵語，無法溝通，彼將先生的
護照及港簽留置海關。

因關吏折騰，夏連蔭小姐在關外久候，將欲離去。
迨先生出，見一妙齡女郎，持先生名牌，狀至焦急。先
生至感不安。彼有豪華自用車及專用司機，同往其宅，
宅甚豪華，禮遇先生，蓋因係韋教授之友的緣故。彼陪
先生往見張發奎將軍，張與夏無話不談。時夏正為張發
奎作「口述歷史」（Oral History）。張坦誠豪爽，對
先生所提之問題，可謂知無不言。先生攜有研究胡志明
資料，夏頗感興趣。首次單獨遠行，乘日航及泛美飛
機，無有言華語者，勇氣可嘉。抵紐約，韋教授開車來
接，至其家，在郊區，風景優美，有廣大庭園，住宅寬
大、平房。有停車間，地下層有洗濯間、健身房、工具
室、儲藏室等。韋夫人待客親切，操作家事，與韋教授
分工合作。韋教授飯後洗碗，先生助之。郭廷以亦曾住
其家多日。先生問韋：郭住此幫助洗碗否？韋笑而不
答。郭為中研院近代史研究所長，態度嚴肅，不苟言
笑，面孔至冷，予人有生畏之感，亦羅主任委員之學
生，執弟子禮。

到美國做研究最大的收穫是英文能力增強，另一方
面則是與研究近代史的同好一起交流，不論是舊雨或新
知，累積史學人脈網絡，對往後進行學術研究交流均有

其重要性。先生住韋教授家約一星期，曾隨韋夫婦遊覽附近之學校及林園。向哥大報到後，韋教授引領到各處辦手續，並安排英語密集訓練。第一學期接觸中國人甚少，英語有進步。東亞研究所圖書館收藏豐富，館長唐德剛博士並兼教職，陪至哥大附近洽租宿舍一間，月租美金六十元。並邀先生至其家，唐夫人親自做菜饗客。1920 年唐德剛生於安徽省合肥縣西鄉山南館唐老圩，1939 年秋考入國立中央大學歷史學系，和黃彰健等人同學，1948 年赴美留學，1952 年獲哥倫比亞大學碩士，1959 年獲史學博士。後留校任教，曾講授「漢學概論」、「中國史」、「亞洲史」、「西洋文化史」等課程，兼任哥倫比亞大學中文圖書館館長 7 年，參與口述歷史計畫並負責中國部分，最著名的是李宗仁口述歷史，後來出版為《李宗仁回憶錄》，為口述歷史的範本。唐留美多年，無洋人味，喜助中國留學生。其英文名 T. K. Tong，均呼之為 T. K. T.。喜與洋人交往，常述往年在哥大工讀之窘史，曾記道某日，在東亞圖書館地下室清除舊書之霉漬，忽聞有人哼京劇、唱中國小調，循聲覓之，乃薛君度，帶口罩，持毛刷，一面哼京劇、唱小調。薛君度，1922 年出生於廣州，原名炯裳，著名辛亥革命研究專家，歷史學家，國際問題專家以及傑出的社會活動家，他是黃興小女兒黃德華的先生，就讀哥倫比亞大學，1958 年獲哲學博士學位，論文是 "Huang Hsing and the Chinese Revolution"。此論文經修改後於1961 年以專書出版，中譯本《黃興與中國革命》。後來在美國成立「黃興基金會」，曾與政大合

辦「黃興與近代中國學術研討會」，極力倡導黃興在辛亥革命的重要性，甚至主張黃興在辛亥革命時期的角色比孫中山重要。

先生至哥大數日，外籍學生顧問中心，招待外籍生乘船環遊紐約曼島一週，華籍僅先生一人。至哥大附近一二〇街乘地鐵（subway）至碼頭登船。遊畢回原碼頭上岸，落隊，不辨方向，邊走邊問，乘地鐵，車上皆黑人，心異之。至一二〇街下車，迨出口，到處皆黑人，房屋亦呈灰黯色，乃東一二〇街，哈林區。以為西一二〇街必不遠，逕向西行，穿越公園，人煙稀少，行久之，乃見西一二〇街，抵哥大，日漸暮，既疲且飢，大家都認為沒有被搶已經大為幸運。

哥大 Kent Hall 計六層，為東亞所專用，一層及地下層為圖書館，二層以上為教室、辦公室及研究室，先生與馬奇（March）教授合用一間。韋教授獨用一間，且有套間，供接待客人及學生。遇李又寧，方獲博士學位，博士論文為研究瞿秋白，韋教授指導。李乃女中豪傑，頗得韋之欣賞，美國著名研究華美族專家以及胡適研究的開拓者，曾任美國紐約聖若望大學亞洲研究所所長，豪爽好客，常邀友人至其寓暢敘，並招待餐點，先生初識許倬雲教授，即在其寓，還有劉紹唐、張朋園、李雲漢、張玉法等，均為又寧之好友。李又寧出版胡適研究叢書多冊，向兩岸學者徵稿，研究婦女史，編婦女研究史料，出錢出力，鍥而不捨。又教先生與紹唐等做氣功，云可健身。

1985 年 11 月，與李又寧（左二）、李雲漢夫婦合影於香港。

　　在美期間認識徐乃力與黃養志，徐乃力 1933 年出生，精明能幹，聰敏有才氣，為空軍高級將領徐康良（原為黃埔軍校六期，後來進入陸軍航空學校），屬「將門之子」，美國西雅圖大學畢業，獲得博士學位，後任加拿大新布倫瑞克大學教授，好評時政。養志甚健談，評人論事，有獨到處，深夜不走。徐乃力博士學位完成後，至美國伊利諾州小城日內瓦（Geneva）任教，邀先生與黃養志至其家小住，加上徐乃力夫人共四人雀戰。徐乃力抽空駕車載先生等遊尼加拉大瀑布，參觀康乃爾大學，送往機場回紐約。2014 年徐乃力出版《徐乃力八十自述：大時代的小人物》一書，先生閱後做一打油詩：

　　　　自謙小人物，實乃大丈夫。
　　　　才華高北斗，學問貫中西。
　　　　待人夠義氣，接物有妙方。

尊翁是韓信，閣下乃子房。[13]

　　半年後，李雲漢得中山獎學金申請來紐約研究，擬
請哥大東亞所給一邀請函，以便辦簽證。課畢，先生向
韋教授言之，韋欣然同意。謂先生英語頗有進步。若
然，此乃半年來密集訓練與外人多接觸之功也。先生乘
車到機場接機，兩人租住同一公寓。李雲漢不會烹飪，
牛奶在爐上煮熱溢入爐中，房東太太甚為不悅。

　　先生在美認識之學者尚有吳天威、余秉權、陳鵬仁
等，及日本之山田辰雄。吳天威 1945 年畢業於金陵大
學歷史學系，1952 年赴美留學，獲馬里蘭大學博士學
位。後任南伊利諾大學歷史系教授。先生初識吳天威，
是在芝加哥舉行之亞洲研究學會年會，兩人一見如故。
彼對 1920 年代國共之合作與分裂、西安事變等，深有
研究，在美國《亞洲研究》常有論文發表。其後，吳天
威成為先生的莫逆之交。彼原籍遼寧省新民縣，與夫人
為小同鄉，在美任教授，揭發日本侵華罪行不遺餘力，
促成中日關係研討會，在香港、大陸、臺灣、美國、日
本等地舉行多次國際會議，出錢出力，先生多次應邀參
加會議。

　　由於在美使用參考書甚為便利，所集檔案資料，得
有充分之印證，故對胡志明之研究工作，進展順利，
且多新的發現。例如越南獨立同盟（簡稱越盟）之來
源，以往國外之研究及著作，多指為 1941 年 5 月間在

13 蔣永敬，《九五獨白：一位民國史學者的自述》，頁 420。

北越之北坡，為越共中央所建立。然經研究，此一組織
早在 1935 年 7 月已在中國南京成立，原非越共組織，
而為胡志明利用作為統戰機關。所舉證據在《胡志明在
中國》（臺北：傳記文學出版社，1972）一書中有所列
舉。胡在中國化名甚多，有一英文著作謂胡於 1925 年
在廣州時，有一化名曰「王山而」，係利用其另一化名
「李瑞」之「瑞」折開成為「王、山、而」三字。此事
在國民黨黨史會檔案中獲得證實，即 1925 年 1 月國民
黨在廣州舉行二全大會時，即有「李瑞」其人致函國民
黨大會，要求向大會報告越南革命運動。著作經過此種
檔案資料之印證，學術價值自有不同。先生著《胡志明
在中國》一書功力較前著《鮑書》更為紮實，然獲得之
重視，反不及《鮑書》。一方面《胡志明在中國》事涉
敏感，另一方面又冷門，華人社會較不關注，出版社多
無意出版，後來請國史館館長黃季陸作序，由傳記文學
社社長劉紹唐出版。

　　先生在美研究期間，韋教授介紹參加哥大近代東亞
之中國史學術討論會（Columbia University Seminar on
Modern East Asia: China）成為會員，每月開會一次，
會後有餐會，美東學者多有參加者。每學期預排議程，
先生的研究由韋教授安排列入議程，題目為〈胡志明與
中國，1940-1945〉，由張華華女士（Margaret Chang）
英譯之。張為韋之學生，修博士學位，兼助教，對先生
頗多幫助，先生讀英文稿欠暢，不知所云，韋代讀之。
此文因使用許多新資料，與會者尚不乏味。其時留美華
裔學者辦有《匯流》雜誌，向先生約稿，即以《胡志明

在中國》中文稿刊登。某學者英文著作《越南與中國》
一書，用先生在《匯流》之文，正文之註，避提先生之
名及該文章之題目，且先在《胡書》出版，先生深感不
悅，函告之不應如此，彼曾回函致歉。其後先生指導研
究生論文時，常告以史德最為重要，特別要求學生如果
自己未看過的史料，引自其他學者的論著必須要忠實作
註腳。

　　1967 年春，亞洲學會年會在芝加哥舉行，先生隨
韋教授等前往參加，會場及住宿在一大飯店中。開幕由
韋教授作主題演講，會中哈佛大學中國研究的領導者費
正清（John Fairbank），邀先生至哈佛訪問數天，並願
提供旅費及食宿。年會結束後，先生隨即前往，彼約其
哈佛研究生至其寓聚會。並會見哈佛燕京圖書館長吳
文津、澳洲留學生梁肇庭等。回程順道參觀白宮，民
眾排隊甚長，依次觀之。途經巴的摩爾（Baltimore），
回紐約。8 月，國際東方學人第二十七屆會議在安娜堡
（Ann Arbor）密西根大學舉行，先生與韋教授及李雲
漢等訂同一班機往參加。時韋教授決心戒吸香煙，初尚
拒先生請其吸之，兩日後，先生在其左右不斷吸煙，吞
雲吐霧作過癮之狀，彼不能耐，向先生索煙吸之，戒煙
又告失敗，此實先生之過。此次會議，臺灣方面學者來
參加者有多人，東方學人會議後，先生即結束美國之旅
返回臺灣。

1986 年 10 月 24 日，哥大老友重聚。左起：張玉法、李雲漢、韋慕庭、蔣永敬、蘇雲峰、張朋園。

5. 從總幹事到無事幹

1967 年 8 月，先生自美返臺，經舊金山及東京，各停留數日，參觀旅遊。至臺北市松山機場入境，夫人自臺中親率三兒來迎接，世安已十七歲，正安十三歲，定安九歲，時各就讀高中、初中及小學，闔家留宿臺北數日，同遊故宮，即返中興新村。先生返抵臺北之日，即往見羅主任委員，彼極為欣慰。蓋先生與李雲漢在此一年中先後離臺赴美，羅家倫或有失落之感。其時留美青年遇有機會，無不設法長留不返，羅主任委員常以此為念，先生能如期回國自然相當高興，特約先生全家在愛國西路自由之家晚宴，此為當時臺北高尚餐廳之一。羅主任委員自《年譜》之「糾謬」事件以後，頗欲有所作為，《國父年譜》增訂本雖已出版，不無急就章之憾，希望繼續修訂，期成定本，時李雲漢留美至少須一年半以後，始能歸來，故對先生期望更殷。

　　十年前，羅主任委員要先生等來黨史會工作時，即
云要為此會注入新血輪。十年後，對此更感迫切，望先
生能物色青年同志入黨史會工作。先生發現輔仁大學歷
史系畢業同學林養志對舊書刊之收集，極有興趣，與之
交談，近現代史之知識亦佳，若干重要著作均有涉獵。
羅家倫約談亦感滿意。林幼年時期，喉嚨可能受傷害，
發音不清。羅主任委員發音亦沙啞，一老一少對話，相
映成趣。羅主任委員要先生接任黨史會祕書兼編輯室總
幹事，此兩職原由黨史會元老沈裕民任之。沈在抗戰前
南京時期即至黨史會工作，歷經播遷，對史料之維護有
貢獻。孫中山《三民主義》十六講原稿，在抗戰時期由
韶關專程運重慶，即由沈負責。羅主任委員要先生接其
本兼兩職，有行政職權便於推動編輯工作，蓋祕書一
職，即會之幕僚長。先生有自知之明，僅願接任編輯室
總幹事，接任編輯工作後，乃大事發掘庫藏史料，充實
《革命文獻》內容，每輯均分專題，一輯不完，續之再
三，頁數多，出書亦快。復將過去出版而缺少者，再版
影印成合訂本，精裝，紅封底面，燙金字。陳列起來美
觀醒目。因先生在美參觀各大圖書館時，見書架所陳列
之西文書，多為精裝，紙質亦佳，中文書多平裝易損，
小小薄本，顯得可憐兮兮。大陸方面編印之史料，如影
印之同盟會《民報》合訂本，封底面皆硬殼，亦較壯
觀。過去《革命文獻》每年可出二輯，每輯百餘頁至
二百餘頁。經擴充後每年出四輯，每輯約五百頁，甚或
七百餘頁。並經改裝，較當時大陸地區出版品大方。此
雖細節，足可顯示中華民國之文化、印刷之水準。

　　此外，史庫收藏之革命人物傳記資料，至為豐富，如能編輯出版，對研究工作者亦甚需要，乃創編《革命人物誌》，委編輯室王伯立專司其事，每年出版二至三集，每集約五百頁，含百餘人傳記、回憶錄等，亦如《革命文獻》之精裝。出版項主編者，均書羅家倫，國民黨黨史會之招牌，更能揚名於中外。然先生仍嫌不足，進度慢、數量少，乃建議將史庫所藏之大量革命報刊，如東京《民報》，上海《民呼》、《民吁》、《民立》等報刊計二十四種，編為《中華民國史料叢編》，依其原形影印精裝之，總共四十冊，每種報刊，均有簡介。如此，既供國內外研究工作者之便利，黨史會亦有專款收益，供繼續出版史料，或獎助研究之用。羅主任委員立即贊同，副主任委員傅啟學尤全力支持，命先生擬訂計畫，簽報蔣總裁核准之。事成，在臺北《中央日報》全版大登廣告，徵求預約。

1967 年 7 月 8 日，與呂芳上合影。

　　這段時間先生挖掘不少歷史人才，最重要者為呂芳上，羅主任委員對於青年之有衝勁與活力，益覺重要，要先生繼續物色，時先生因東海大學歷史系呂士朋介紹至其系上兼授《中國現代史》，此為臺灣創舉，也因此認識甫畢業的同學呂芳上，於是向羅主任委員推薦。呂芳上服完兵役後，即來會工作。郭廷以所長派洪喜美來史庫閱史料，倆人一見鍾情，郎才女貌，理想一對。嗣後倆人對史學均有深厚之造詣。呂芳上利用史庫資料，先後完成碩、博士論文，深受史學界之推崇，由黨史會轉任中央研究院近代史研究所研究員兼所長，其後更任國史館館長，頗多建樹。洪喜美任職國史館，表現傑出，由助修、協修而升纂修，研究近代人物李烈鈞等，有學術著作多種。其後先生又介紹東海大學歷史研究所碩士畢業同學陳哲三來會工作，在史庫磨練多年，不斷有學術著作之發表。

　　先生隨羅主任委員工作，如同春風沐雨，每至臺北，咸往至其北平路國史館館長室晤談，暢談史料，興趣至濃。然亦遇有兩大傷心之事，一為副主委傅啟學先生之被開除黨籍及奪職，一為羅主任委員健康之衰退。傅先生與臺大胡佛、張劍寒、賀凌虛、陳文仁、徐松珍等六人合著《中華民國監察院之研究》（全三冊，1967年9月出版），由傅領銜，對現行監察制度、人選之利弊得失，分析客觀，秉筆公正，內容精采，可讀性至高。例如言及監察委員之黨派角色，即有深刻之論述。此書一出，監察委員譁然，向蔣總裁告狀，謂傅接收美國之津貼，實罪不容誅。蔣召傅責之，令其認錯，傅不

屈，乃被開除國民黨籍，奪黨史會職，書查禁。傅離黨
史會，仍在臺大執教，贈先生此書，另有書面說明事之
經過，複印示之。羅為此事，頗為難過，健康亦日益衰
退。當時已患有「帕金森氏症」不自知，常提筆忘字，
見人忘名，甚至想不起羅夫人之大名。

　　羅主任委員健康日壞，羅夫人張維楨女士及女公子
久芳、久華開家庭會議，決定請辭會、館兩職，以免影
響公務。1968 年 8 月，提出辭呈，總統令派黃季陸代
理國史館館務；11 月 27 日，中央通過由黃繼任黨史會
主任委員。次年（1969）2 月 26 日，令派黃季陸為國
史館館長，3 月 15 日交接。12 月 25 日，羅先生逝世。

　　黃季陸，四川省敘永廳人，參與革命活動及民國初
期護國軍運動，1918 年公費赴日本留學，入慶應義塾
大學，退學後轉往美國俄亥俄州立大學獲得碩士學位，
歷任大學校長、政務委員、部長，濃厚的四川口音。黃
季陸剛開始代理國史館館務後，國史館主任祕書許師慎
謂黃曰：「黨史會《史料叢編》收入胡適所辦之《競業
旬報》，有反孫中山之言論。」黃主任委員不悅，隨即
詰問先生何故？先生認為許所言可能係指收入之《中國
旬報》，此乃香港興中會《中國報》旬刊。《競業旬
報》亦非反孫，且為支持革命者，並呈以《史料叢編》
目錄及簡介。黃始無言。數月後，黃接任黨史會主任委
員，主張開放史料，便利研究。以杜元載為副主任委
員。杜為湖南漵浦人，北京師範大學教育系畢業後赴美
留學，明尼蘇達州立大學教育學碩士、美國西北大學法
學博士學位，1958 年出任國立臺灣師範大學校長。荷

馬里（Homer Lea）曾為孫中山早年革命時之美籍軍事
顧問，當時史丹福大學建議將荷馬里骨灰移至臺北安
葬，黃特別重視，簽報總裁批准，惟漏報將荷馬里夫人
一同合葬，黃至急，杜亦不知如何處理。黃乃電草屯史
庫，召先生來臺北商量，先生建議：即呈荷馬里將軍夫
婦骨灰即將運來，擬擇某地為其安葬可也。黃主任委員
大悅，即云如此辦理，並命杜速辦。

　　1969 年 2 月李雲漢自美學成歸來，黃主任委員甚
悅，即成立史料清點小組，以李雲漢為執行祕書，招考
大專工讀生近四十人，清點史料，繼以製卡。11 月黨
史會與國史館合作成立「中華民國史料研究中心」，定
位為學術性機構，地點設於國史館，位於新店青潭，中
心成立前，李雲漢即調臺北籌備，並負責中心日後工作
的推動，史料製卡工作，乃由先生接手。黃季陸繼而調
整黨史會內的人事及史料的存放。首先將原任祕書沈裕
民調任纂修，仍派先生接任祕書，劉世景接任第一室
（編輯）總幹事，李雲漢為第二室（徵集，兼辦史料研
究中心）總幹事。至其他各室亦有調整，如總務室楊毓
生與典藏室張大軍職務對調。先生雖調任祕書，仍在草
屯史庫負責編輯業務審閱製卡，祕書掛名而已，實際業
務由劉世景負責。

1979 年 11 月 23 日，在中正機場歡送黃季陸（中）赴歐，右
為李雲漢。

　　史料研究中心成立之後，黃季陸命黨史會將部分史
料移至新店青潭，由於李雲漢剛從美國回來，工作情
緒高昂，當時第二室──徵集室除總幹事李雲漢外，尚
有胡春惠、郭易堂、林泉、呂芳上等，陣容堅強，成為
黨史會的活動核心。後呂芳上隨李雲漢調至臺北，原編
輯室范廷傑亦主動請調北上。李雲漢主持下的史料研究
中心，每月舉行學術研討會，聚中外學者於一堂，互相
切磋，討論論文，出版專輯，辦得有聲有色。會議經常
由黃季陸主持，作結論，發宏論。胡春惠時方攻讀政大
政治研究所博士學位，黃季陸為指導教授，關係較為密
切，在同輩中對先生及李雲漢最為佩服，尊稱二人為
「蔣、李二公」。史料研究中心的學術研討會，胡春惠
經手舉辦的學術研討會即高達六十二次之多。受邀學者
如唐德剛、沈雲龍、郭恆鈺、張玉法等，均是中國現代

史學界一時之選。先生幾乎每次都參加研討會，亦有論
文發表，如1971年的〈抗戰期間中法在越南的關係〉，
係利用史庫《越南檔案》完成之大作，為研究《胡志明
在中國》的副產品。

　　此一時期，雖然長子世安已在成大就讀，其幼者仍
在中小學學習，先生顧及子女就學問題，且當時中央有
員工購屋貸款辦法，乃決定舉家遷居臺北，與李雲漢同
在臺北市興隆路二段一五三巷內各購公寓一間，次子正
安轉學建國中學，三子定安轉入中山小學就讀，並為夫
人覓得臺北景美女中教職（旋轉至北一女中任教），先
生則北、中部兩處來回奔波。

　　先生是學者型，喜埋頭做學問，研究工作紮實，不
擅行政交涉，有孟子「說大人則藐之」的氣概，但也因
此無法完全融入行政體系。某次會報，黃季陸對典藏室
總幹事楊毓生語有批評，楊當面辯駁，並請辭職。楊為
黨史會元老級人物，在抗戰重慶時期即入會工作。先生
同情於楊，為之辯護，黃見事態嚴重，以對內部情況未
盡了解，致有誤會，對楊慰留，事遂緩如。

　　當時因李雲漢北調，史料製卡工作由先生負責審
閱，多賴典藏室人員支持，如供數十人製卡史料文件之
調取、分發、登記、驗收等程序，工作至為繁重，而人
員僅有李振寬、高子超、夏文俊等三人；編輯室在史庫
者有王伯立、陳哲三、林養志，除一般工作外，均參加
製卡。楊除協助審卡外，每卡需印製三份，始終由楊負
責。先生的審閱工作，是在審卡過程中，須將卡片所記
載之史料名稱、時期、類號、內容摘要等，逐項核對，

不妥或錯誤者,須修正或重作;而內容摘要難度更高,
對摘要常有錯誤之工讀生,尚須個別指導。先生為楊抱
不平,若楊獲准辭職或遭調職,先生亦準備與之共進
退。所幸黃季陸心胸寬大,謙和對下,風波得以平息,
而其處事之經驗與急智,亦值後人尊敬與效法。先生亦
因審卡工作,獲益更多,對史庫之史料,更加熟悉,重
要者抄錄之,作為他日之備用,數十年之研究撰文,資
料源源不絕,實為當年審卡之賜。若此繁重工作,人謂
其苦,先生獨享其樂。

　　1969 年 3 月,國民黨十全大會有一議案,議決將
《國父全集》譯為外文,以廣宣傳,案交黨史會辦理。
然以往版本至多,差異至大,先生建議要先整理出標準
本,黃季陸乃將此一巨大工程交由先生擬辦。經先生集
十八種版本加以比較,不僅各本編輯形式有別,其內容
亦多不同,如各本文件標題不一,文件內容、文件日期
的錯誤等,乃以黨史會所藏原始文件為準,編訂一套每
一文件皆註有根據之《國父全集》。以《三民主義》
十六講而言,不獨各本內容有別,黨史會所藏之原稿及
原本數種,亦各不相同。如何選其適當之底本,作為定
本,須先訂辦法。黃季陸命先生起草,由新任之副主委
崔垂言指導並審訂,辦法既定,遂即著手進行校訂。

　　1971 年 5 月,黃季陸趁參加辛亥革命六十週年紀
念之際,依黨務主管滿七十歲須依例自行引退之規定,
退出黨務工作,專任國史館館長,其任職黨史會主任委
員僅二年又六個月。但《國父全集》之校訂工作,必須
依據原定計畫,繼續進行。先生與崔商量,將校訂重心

移至臺北，在中山北路國父史蹟紀念館辦公，召用臨時
工讀大專學生，既可遵守作業程序，復可提高效率。由
先生率領工讀生工作，進展乃得順利。此套《全集》至
1973 年出版，並附索引及著作年表，查閱至便。先生
撰有〈國父全集的編輯與校訂芻議〉，發表於 1971 年
1 月之《中華學報》。1975 年應李雲漢之約，在史料研
究中心編輯出版之《研究中山先生的史料與史學》專
輯發表〈國父全集諸本的比較及新編本的介紹〉，以記
其詳。

1971 年 5 月 21 日，黃季陸榮退。黨史會同仁在臺北自由之
家明駝廳舉辦歡送會。

　　黃季陸離開黨史會後，由副主委杜元載升任主任委
員，會中風氣大變，副主委員額突增，先後由黨中央派
來三人，一為軍人許朗軒，一為官人袁觀賢，一為黨人

梁光義，皆非學界中人，在觀念及作法上與從事史學研究者，大相逕庭，以黨史會為衙門，視工作人員為僚屬，彼此格格不入。首當其衝者，則為黨史會祕書之角色。依以往慣例，祕書負責內部業務之推動與協調，先生掛名祕書，然杜重事務，非先生所長；對於史料，彼則無興趣，符合其意與需要者，乃長於事務工作的編輯總幹事劉世景。杜欲調升劉任祕書，然苦無適當職缺安置先生，適有杜之小同鄉自軍中退，中校級，來會求職，杜下條諭要先生簽辦，此時先生負責的《國父全集》校訂工作須用臨時人員，即請以臨時人員用之，為杜退回重簽。劉世景婉轉告知先生，此人乃秦孝儀所介，當予以適當職位。後杜以乙等職任用，並由劉世景為之辦理一切入會手續。先生乃上簽自動請調，時會內有「採訪」一職，已多年未見進用人員，即調先生此缺。1971 年 10 月，先生被免去祕書之職，降調為「採訪」，有謂其職缺相當乙等職，惟薪水依舊，加給減少而已。先生雖在會中，但無固定工作，依例可不必上班簽到，陷入從總幹事變成無事幹的窘境。然先生每日仍按時到國父史蹟紀念館，率領工讀生校訂《國父全集》。

此時有人向保防單位寫黑函，說李雲漢壞話，有人把先生和李雲漢著的書祕密移交保防單位要求審查，看看有沒有違反黨紀或對總理、總裁不敬之處，目的是要陷先生於罪。所幸保防單位有正確的認識，認為兩人所出之書是經過評定為優良著作而獲得大獎的，對黨史有利無害，何以還要再「送審」？

1996 年 8 月 16 日，國民黨黨史會「三老纂」合影。左起：
李雲漢、劉紹唐、蔣永敬。

　　1972 年 1 月，纂修沈裕民退休出缺，先生始得調
任纂修一職。李雲漢也辭去第一室總幹事兼職，只擔任
纂修職務。同時擔任纂修的尚有劉宗向（紹唐），劉、
蔣、李三人氣味相投，自封為黨史會的「三老纂」。纂
修的地位本來是很高的，都由革命元老來擔任，位在祕
書之上。1971 年改制後，把纂修放在與祕書平等的位
階上，屬於工作人員，但祕書是行政幕僚長，有實權，
纂修則是幕賓。之後，李雲漢取得甲等特種考試資格，
分發國史館纂修，仍主持史料研究中心，常去新店青潭
辦公；劉紹唐忙於《傳記文學》，不常來會。先生雖仍
到會上班，但會中之事無與聞焉，惟賴胡春惠不時告知
會中見聞。胡春惠時任黨史會專門委員，攻讀博士時，
運用史庫《特種檔案》「韓國資料」，完成《韓國獨立
運動在中國》博士論文，論文出版後，韓國方面譯為韓
文版，為韓國學界所推重。胡為人練達，外圓內方，在

杜及「三副」之間周旋尚稱得體，杜每遇事窒礙時，常得胡之協助而得以化解。

　　先生在黨史會雖被冷落，在著作方面，反有長足的收穫。總計在羅主委時期（1957-1968），在草屯鄉間，研究時間較多，有專著兩種及少數論文發表。黃主委時期（1969-1971 上半年），工作甚忙，著作幾乎空白。杜主委時期（1971 下半年至 1975），由於較為清閒，著作反而大增，計專著二，合著一，論文二十餘篇，真所謂「塞翁失馬，焉知非福」。

　　如在 1970 年 12 月，中美第一屆「中國大陸問題」研討會在臺北實踐堂舉行，主辦單位為「中華民國國際研究所」（旋改為政治大學國際研究中心），先生獲邀參加，發表論文題為〈越共與中共〉（1925-1945）。次年，又有中日第一屆「中國大陸問題」研討會之舉行，先生亦與會。1972 年第二屆中日研討會時，先生亦應邀參加，會後在臺北國賓飯店宴請與會學者，會中宣布蔣總統召見，謂外國學者一律參加，國內有唱名者始可參加，先生不在其列。

　　先生此時另有一事，為與呂士朋、陳捷先、李守孔、李雲漢等五人應幼獅書店之約，合撰《民國史二十講》，每人各寫四講，秦孝儀審畢後大發脾氣，召眾人至中央黨部，怒謂為何對蔣公僅稱「蔣」而不抬頭或空格，實不敬，先生等皆面面相覷而無言。

　　1973 年夏，先生腰骨酸痛，起臥困難，患神經壓迫脊椎之疾，俗稱坐骨神經痛。不意此症至為嚴重，須開刀或用牽引之法治療。開刀有危險，牽引難根治。住

三軍總醫院，用牽引之法。身腿綑綁，牽以鐵餅多塊，痛不能忍，如是者十餘日。迨解綁，毫無效果。骨且受傷，不能行走。物理治療，仍無效。用傳統推拿法，勉可行走。拖延多年，時好時壞。直至 1992 年痼疾再犯，凡有醫治之法皆嘗試，均無效。政大歷史系教授閻沁恆告知其夫人林瑞炳女士亦患此病，住中華開放醫院用牽引法治愈，先生萬念俱灰之心情，出現曙光。往訪閻夫人，云牽引難忍時可解開休息，週餘即出院。先生信心益增，即往中華醫院，掛同一醫師，住院兩週，大有起色，雖未完全根除，已無大礙，過去走路有點駝背現象亦逐漸恢復，又可大步行走。

1975 年 4 月 5 日，蔣中正總統逝世，東海大學教務長蕭繼宗，湖南人，由中央副祕書長秦孝儀推薦，接任黨史會主委。蕭為文學家，人極和善，有學者風度。與黨史會素無淵源，對人對事，小心翼翼，好惡不形於色，內心則有分寸，胡春惠長才，迅為蕭發現之。胡春惠告知有一次蕭決定某日赴草屯史庫視察，請事務人員代購車票，不必知會史庫同仁，以免驚擾。迨到史庫，環境整潔，工作人員謹守崗位，無缺席者，蕭視察畢，離去。次日再往，則完全不同矣！其後，蕭調任正中書局董事長，以胡春惠為總編輯，可謂知人善任。

秦孝儀主編之《總統蔣公大事長編初稿》，送蕭審閱，蕭交先生審閱。秦曾任總統府祕書，深獲兩蔣的信任。對總統蔣公至忠，閱其主編之《長編初稿》，對蔣公一言一行，無不奉為典範。唯見其引用《蔣中正日記》，資料固珍貴，但亦不無瑕疵之處，如《日記》

中斥汪、胡之言，固能反映蔣之心聲，然亦不無過當之處。

　　1976 年 10 月，秦孝儀先生接任黨史會主任委員，素聞其權勢甚大，先生心中畏之。但相處之後，知其並非可畏。有是非感，亦重情感，有脾氣，尚能容忍反調。秦尊重學者，尤重大學之院長、研究所長、系主任，主持黨史會出專書多種，常向彼等約稿，稿酬亦優。秦來黨史會，纂修劉紹唐即請退休，李雲漢轉國史館任主任祕書，「三老纂」僅餘先生留於黨史會，堪稱黨史會「元老」。

　　秦到黨史會後，討論張玉法新著《中國現代史》之事。此書於 1977 年 7 月由東華書局出版，有人檢舉該書不用民國年號，而用西元紀年；孫中山不稱「國父」，且不抬頭或空格，大不敬；稱中共而不稱「匪」或「共匪」。秦召集黨史會副主任委員及李雲漢、先生等三人，另新聞局長宋楚瑜連同秦本人共五人，商討此書應否交付審查。先生與李雲漢未及發言，宋楚瑜即言所舉三點，均無關宏旨，不應陷人以罪，不必審查。秦曰：即照宋之意見辦理。1978 年重訂《胡漢民先生年譜》時，由黨史會出版，秦要將「中山先生」之稱謂，一律改稱「國父」，且空格，只好遵命修訂。不抬頭、不空格，羅主任委員主持黨史會時之出版物，即已如此。先生曾稱蔣公為「蔣」而不抬頭，受羅主任委員之影響也。至於年號，習慣用「民國」而下註「西元」。先生亦不稱中共為「匪」或「共匪」，主張除非引用史料原文保留其用詞不改外，如某某「剿匪總司令部」之

原定名稱，引用時必加括號；若不用括號，則曰剿共。
在當時的學術氛圍中已屬不易。

此時草屯史庫再度進行搬遷工作，將全部史料移至
臺北陽明山原總統中興賓館，名曰陽明書屋，會中同
仁，多集中在陽明書屋辦公，李雲漢亦到任接副主任委
員。與李雲漢同時被任為黨史會「副座」者，尚有陳敬
之。陳追隨秦孝儀多年，曾主稿《總統蔣公大事長編初
稿》，連同原有的許朗軒，仍為一正三副。秦退休後，
其主委之職，由李雲漢代理久之，後升正。秦戲呼先生
為「永敬蔣公」，意即永遠尊敬先總統蔣公，久而普遍
之，國內外友人咸呼先生為「永敬蔣公」或「蔣公」。

總結先生在黨史會期間除了個人的研究傑出之外，
還有幾項貢獻：其一，《革命文獻》的改版，把《革命
文獻》變成刊布文獻，為倡導民國史學術研究的一個重
要基礎；其二，出版《史料叢刊》三編，所謂《史料叢
刊》就是影印出版黨史會獨家典藏的稀有資料，提供史
學界研究的方便；其三，整理出版《革命人物誌》，作
為治史的工具書；其四，輔佐主任委員公開史料成為政
策，使黨史會逐漸擺脫黨務衙門的色彩。[14]

---

14 呂芳上，〈追隨半世紀：懷念永敬蔣公〉，頁 49。

第五章　史學傳承──
作育英才

1. 告別黨史會任教政大歷史所

　　臺灣的民國史研究傳承，第一代是胡適、郭廷以、羅家倫、黃季陸等，第二代則為蔣永敬、李雲漢、沈雲龍、張玉法、胡春惠、吳相湘、李守孔、張朋園、李國祁、陳三井、林能士及中研院近史所諸研究員等，第三代可能算呂芳上、張力、劉維開、張瑞德及國立政治大學歷史所博班畢業諸教授。以史學界的發展來看，張玉法認為先生是臺灣開拓中國近現代史研究的第一代學者。[1]當然除政大之外，臺大及臺灣師大等亦培育不少現代史的人才，如李君山、謝國興、游鑑明等，然由於政大歷史所成立即以中國現代史及國際關係（外交史）為主軸，因此研究中國現代史較為顯著者還是以政大歷史所為主。政大歷史所推動中國現代史研究有其特殊的原因，其中又與李元簇校長、胡春惠、閻沁恆及先生等人有關，大環境亦是促成中國現代史研究的重要動力。

　　1971 年臺灣退出聯合國，1975 年蔣中正總統過世，臺灣地位相當嚴峻，為讓更多人了解民國史的重要發展，政大李元簇校長欲成立歷史研究所，擬以中國近

1　張玉法，〈常相左右，永敬蔣公〉，《傳記文學》，第 113 卷第 2 期（2018.8），頁 38。

現代史的研究為主要發展方向；但此計畫申請案，卻屢
遭行政院駁回。李校長希望胡春惠向新任中國國民黨黨
主席蔣經國簡報時，面呈是項請求，胡春惠乃在會中提
到民國史很重要，應該要有一個研究所專門研究中國近
現代史，蔣經國聽完簡報後即刻交付行政院辦理。[2]

　　1976 年夏，政大成立歷史研究所，閻沁恆教授為
首任所長。因兼訓導長及歷史系主任，無暇兼顧，1978
年夏，邀請先生至政大歷史所任教並兼所長職。先生當
時年五十六歲，本來謝絕。1979 年在輔仁大學開歷史
學會年會，閻沁恆又舊事重提，先生猶豫，相商於胡春
惠，胡認為：李雲漢將回黨史會任副主任委員，體制上
將成為汝之上司，就私誼言，於李雲漢推動會務恐有不
便。先生思考後，乃決定接受閻沁恆之邀到政大任教，
因此乃向黨史會申請退休，雖然秦孝儀全力挽留，先生
去意甚堅。

　　1979 年 8 月，自黨史會退休，轉任政治大學歷史
研究所專任副教授兼代所長，1982 年 8 月，升等為教
授，仍兼所長。1985 年 8 月，兩任屆滿，為專任教授。
王壽南教授繼兼所長，能力甚強，在其努力下，增設
博士班，先生授博士班「中華民國建國史專題研究」
課程。

　　此階段先生在史觀上有一些轉變，張玉法曾說先生
的思想「由右轉左」，其實只是史觀上的解釋不必限於

2　胡春惠，《北上南下記滄桑：胡春惠回憶錄》（臺北：國史館，
　　2016），頁 245。

國民黨史觀之故。而更重要的是啟發許多學生對中國現代史研究的興趣，將治學態度與方法進行傳承。

　　當時政大歷史系主任不兼歷史所所長，系所分開，課程則互相支援，先生到政大歷史所專任時期同仁之間相處相當和諧，系上專任教師有閻沁恆、李定一、顧立三、戴玄之、張哲郎、王壽南、江金太、吳圳義、徐家驥、徐玉虎、陳聖士、胡春惠、林能士、孫鐵剛、周惠民、杜維運、林天蔚、何啟民、廖風德等，研究所方面師資陣容堅強，並常聘任客座教授，如從海外回國的賀允宜、徐乃力、劉岱、戴國煇、吳天威、王克文、汪榮祖、章開沅（大陸）、韋慶遠（大陸）等，最特別是敦請中研院近史所的研究人員至政大支援研究所課程，如張玉法、陳慈玉、王爾敏、陳存恭、呂實強、李國祁、黃福慶、劉石吉、呂芳上等等，加上李雲漢及政大國際關係研究中心支援的教師，開闊學生的視野，拓展學術的人脈，特別是當時政大歷史所因為方向比較單一化即研究中國近現代史，因此與中研院近史所間的合作甚為密切。

　　政大歷史系、所同仁之間，有一優良傳統，素無派系之分，故能相互尊重，予學生以良好之示範。同仁酒量亦馳名遐邇，量大或能飲者有閻沁恆、張哲郎、林能士、廖風德、周惠民、李定一（喜喝高粱酒）、杜維運（喜喝紹興酒）等，當時研究生中亦不乏大酒量者，如彭明輝、李貴豐、張中復、潘光哲等。學期開始後及結束前，必有餐會，退休及校外兼任者多被邀請，相聚甚歡，觥籌交錯，此亦政大歷史系、所之優良傳統。在先

生到政大歷史系後，不論是舊雨新知，與先生關係相當
和諧，僅舉幾位教授做介紹。

閻沁恆，臺大歷史系畢業，1960 年考取政大新聞
所，畢業後留校擔任新聞系講師，教學生涯十二年間，
閻沁恆專心講學，並從講師升等至教授。歷任歷史系主
任、傳播學院院長及訓導長的閻沁恆教授，將一生奉獻
於政大。由於歷史系創辦之初師資問題嚴重，當時校長
劉季洪任命閻教授接下歷史系第三任系主任，逐步改革
歷史系，陸續新聘七、八位教師，為同學爭取最好的學
術環境，先生之所以能至政大任教與閻沁恆的延攬有
關，加以大公無私，為人周延，尤其有酒膽與酒量，使
政大歷史系愈來愈有凝聚力。

江金太，密西根大學歷史學博士，專長西洋史，著
有《歷史與政治》（臺北：桂冠圖書，1981），喜歡閱
讀外文書，研究所課程中也指定學生大量閱讀外文專
書，家富有，甚節儉，購豪華轎車，愛惜而不捨使用
之，恐受損。吸「伸手牌」香煙，癮來即訪閻沁恆甚或
同學，後來打網球，技術差，張哲郎常取笑之。

李定一，1919 年生於四川銅梁，畢業於西南聯大
歷史系，1946 年赴歐美研究，1953 年在臺灣大學歷
史系任教，1963 年任教於香港中文大學歷史系，1975
年返臺任教於政治大學歷史研究所，著有《中國近代
史》、《中美早期外交史》等專書。頗健談，評人論
事，常有精闢之處。上課不用課本，印象中身材壯碩，
總是名士風範的叼著煙斗，一邊吸煙、一邊講課，講起
近現代史史事，從鴉片戰爭、太平軍、清末自強運動，

到辛亥運動為止，上課的內容已經遠去，但上課的氛圍：隨著裊裊煙斗香味，沈浸在李教授帶著鄉音對近代史事的臧否中。喜雀戰，必遵其十二圈原則、晚間十二點為止。晚飯前未飲酒，牌品尚佳。飯後酒略醉，牌風不順，則開始起煩惱。大部分同學都曾到李定一家中作客，親自下廚，李定一喜歡喝高粱酒，有次理頭髮時，剪髮師傅見李定一頭髮烏黑，就問是用何種牌子的染髮劑，李定一回說「高粱牌」，剪髮師傅說有這種牌子嗎？其風趣與直率有時在上課中表露無疑，常說：「臺灣喜歡稱鄧小平矮鄧，你們蔣經國有多高？」其經典之一是立志不看書，但其記性甚好，曾說：「博士只是開始做學問，並不代表有學問。」李先生喜歡與人辯論，在教育部開會，商討編寫《中華民國建國史》事，與中研院院士于宗先先生意見相左，當時尚無發作。會畢，教育部招待晚餐，並飲酒，略醉，斥于「無知」，怒氣愈來愈大，後來由先生扶彼離席，同乘計程車送其回寓。

張哲郎，臺灣屏東人，美國明尼蘇達大學歷史學博士，著有《明代巡撫研究》（臺北：文史哲出版社，1995）等書，為人幽默，專攻明史，喜好體育運動，七十歲打排球還可以翻滾。上課喜著西裝，在所上開設「高級英文」，由於作風海派無私，成為政大與大陸交流的最佳窗口，大陸學者到政大交流或客座時，張哲郎有時還親自開車環遊全臺，師生關係相當和諧。

王壽南，畢業於臺灣大學歷史系，後來師從王雲五，獲政治大學政治研究所法學博士，題目為〈唐代的

藩鎮與中央關係之研究〉，分析中國古代專制政體下政
治權力之爭取與唐代藩鎮對中央各種不同態度之形成，
再提出幾點綜合性的認識。曾任系主任、研究所所長、
文理學院院長，在所上開設「中國政治制度」等課程。
主要研究領域為隋唐史、中國政治史，學識豐富，研究
透徹，口才生動，具有說理魅力享譽校園與學術界。

　　林能士，臺灣大學歷史研究所博士，專攻民國史，
與學生互動良好，善於引導學生思考，也善於引導大家
喝酒，常和先生參加大陸的學術討論會，學術網絡寬
廣，較會照顧學生，在所上開設「中國現代史專題」、
「史學理論與實務」等課程。

　　胡春惠，1937 年生於河南沁陽，自幼顛沛流離，
在回憶錄中提到：「連年的戰亂，卻使我原本幸福的童
年，變成了無盡的苦難。」[3] 1949 年 5 月未滿十三歲，
本來要北上武漢，後因看到漢口已「失守」的訊息，只
好隨政府的難民潮南下衡陽，當時孫立人在衡陽設立
「招兵站」，在三餐無以為繼的情況下，和幾位同學央
求從軍，並隨部隊至廣州候船到臺灣，在候船期間巧遇
參加孫立人女青年工作隊的五姊文秋也正候船到臺灣，
6 月 12 日搭上招商局的「海湘輪」，15 日抵高雄，隨
後加入孫立人在臺南的入伍生教導總隊，並成為臺灣首
批的幼年兵（先屬於入伍生教導總隊，後獨立為幼年兵
總隊），接受了兩年半的軍事訓練。畢業於政治大學政
治系，後考上政大政治研究所，於 1966 年夏以〈我國

3　胡春惠，《北上南下記滄桑：胡春惠回憶錄》，序言，頁 i。

立法院質詢權之研究〉，獲得碩士學位，該論文由嘉新學術基金會獎助出版為專書，隨後攻讀政治大學政治研究所博士，1969 年，到中國國民黨黨史會擔任幹事，得到親炙原始資料的機會，治學功力得以大幅提升，並堅定其從事中國近現代政治史研究的決心。1972 年，胡完成〈韓國臨時政府與中華民國的關係〉一文，正式取得博士學位。雖未能即至政大任教，但在黨史會的工作受肯定，從幹事一職迅遷至專門委員再升為總幹事，1978 年始能如願進入政大歷史系任教。期間一度被借調到正中書局擔任總編輯，2001 年胡春惠自政大退休後，轉往香港珠海學院文史研究所任教，並兼任該校的文學院院長及亞洲研究中心主任，也開啟兩岸四地交流的熱潮，先生常被胡春惠邀至香港參與會議。

　　其他授課者有：李雲漢開授「中國現代人物研究」，評論者大多為國民黨人物居多。張玉法教授「中國現代史資料分析」兩學分，任卓宣授「中國國民黨史」，趙洪慈授「中國共產黨史」。時歷史所、系分開，所之專任鐘點不足，多在系增開鐘點，亦有系上專任教授在所開課者。先生除在系授「中現」外，另授外系課程。1987 年 8 月，增博士班，授「中華民國建國史專題研究」，旋改稱「民國史專題研究」。

　　所辦公室有助教或講師一人，辦理日常事務。講師毛知礪任職久，先後修得碩士、博士學位，一度出國，許雪姬代理其職，後來許至中研院服務，研究臺灣史，極有成就。所之事務由李素瓊助教任之，勤敏負責，能力至強，師生多重之。

　　先生在政大除在歷史研究所授課外，在三民主義研究所授「中國國民黨史」，另歷史系二年級「中國現代史」兩學期六學分。並配有外系「中現」以足八小時為原則。研究生課重討論，碩士班十餘人，博士班四或五人。學期開始，即由各生提出學期研究計畫及題目，排列報告及討論時間。曾在師大歷史所博士班開專題研究數年。每學期上課約十六週，前八週作專題示範報告，範圍重點含民前之改革與革命，民國之軍閥與反軍閥、北伐與統一、建設與抗戰、國共的分與合等。每一範圍就研究較有心得之課題介述之。並由同學提出問題討論，所謂教學相長，辯難、解惑。

　　學生對先生的授課心得方面，上過先生課的學生，有一點共識就是先生喜歡穿西裝打領帶上課，對先生的印象有極大的落差，大學部的學生發講義上課，由於先生重視史實的敘述，特別集中在胡漢民及北伐時期，大學生的現代史知識又相當有限，加以口音又重，因此大部分無法理解先生授課的內容，印象多為一位高大身軀的教授認真上課、嚴肅，但不覺得有趣，甚至對先生有幾分的畏懼，正如陳進金所說，他那時很怕先生，甚至沒有和先生拍照過。當時對歷史系同學之要求較嚴，最基本之要求，不可蹺課。然仍有蹺課者，規定每學期有三次不定時之點名，蹺課同學較多時突擊點名。一、二次不到扣分，三次皆點不到視為全缺課，即成績不予及格。除非期考成績特優者，通常不予補考之標準，即須重修。由於較嚴，不免有違學生心理，學校教務處迎合潮流，開始舉辦由聽課學生評鑑先生，由任課先生將評

鑑表分發各聽課同學，填畢收回。是日到課同學特別踴躍，無蹺課者。同學對先生之「評鑑」成為兩極化。有將表列所有項目，均打為「劣」者。此事讓先生耿耿於懷，甚至上博士班課程中有些抱怨，這些博士生只好安慰先生說「大學生不識貨」。

隨歲月增長，經驗累積，教學方式亦隨之有所改變。授課內容，初則史多論少，進而亦史亦論，甚至論多於史，並非「以論代史」，乃是從已知之史實，產生觀點論述，特別是碩士班及博士班，多能感受先生學識之豐富、論點之卓著，碩士班學生一方面知道政大歷史所的重點是民國史，所以考進政大歷史所者多少對民國史有點興趣，雖不能完全融入先生的重點，先生上課發講義解說，一開始不太能接受先生的授課方式，可能由於必修，或學生人數不多，開始有互動，當時先生會穿西裝打領帶來上課，先生有各式各樣的領帶，看起來正式而輕鬆。博士班又不同，許多學生其實修過先生的「套餐」（從大學、碩士班到博士班），但感受最佳者大部分是博士生時期，如沐春風，先生上課有時還自鳴得意，有說有笑，一改其大學授課嚴肅之印象，特別是有段時間先生在研究所授課還有一個「任務」，即為其長子世安尋找媳婦，因此與女同學間互動較為熱絡，然一般而言，先生還是較嚴肅，先生也曾謙稱「不會照顧學生」，然而先生的照顧不在出學校找工作，而是累積學術人脈，這是一輩子享用不盡的資財。

1992 年 7 月，先生自政大退休，實足年齡為七十歲零三個月，計在政大專任十三年，兼任有六年，東

海、輔仁大學兼任有五年。自政大歷史所退休時，張哲
郎為系主任及所長，特假行政大樓會議室舉行歡送會。
並在政大《歷史學報》第九期出版專刊－慶祝蔣永敬教
授七秩嵩壽專刊，刊登先生於 1990 年 12 月 15 日在「胡
適與近代中國研討會」的報告論文，並附先生簡介與著
作目錄，佔篇幅九頁。張哲郎留為兼任，每週授課兩
門，四小時，先生請改兼一門，即博士班「民國史專題
研究」原為兩學期四學分，改為一學期三學分。其後所
長林能士，仍堅持要先生教授此課，不能卻之，只好與
陳存恭或張玉法先生合授。

1980 年夏天，政大歷史研究所師生在憩賢樓前合影。前排左
起：賀允宜、戴玄之、蔣永敬、林能士、江金太。後排左起：
劉維開、王正華、簡淑勤、井泓瑩、黃芙蓉、劉唐芬、陳曼
玲、端木琳、秦蕙萍、李盈慧、王玉、王紀霏、高純淑。

2. 春風化雨——「蔣門弟子」

　　1980 年代臺灣還是一個比較保守的年代，許多課
題不能研究，甚至不能對蔣中正或政府有太多負面的批

評，但在先生的帶領下，逐漸突破困境，以實論史，先生來自黨史會猶如一座寶庫，學生可以盡情的挖掘。先生至所專任時，碩士班已辦至第四屆。第一屆方畢業者，有王傳燾、楊翠華、郭芳美、郭伶芬、張力、邵銘煌、胡國台等。畢業論文由先生指導者為郭芳美、郭伶芬及邵銘煌（與閻沁恆合作指導）。

內部和諧，政大歷史所之學風及水準，享譽中外，畢業離校後在學術上有成就者，已有多人。經先生指導之博士論文有劉維開、蘇啟明、張力、王玉、林桶法等（加上樊中原）共六位，論文亦多出版。指導碩士論文者有柯惠珠、黃芙蓉、吳松薰、彭國亮、李盈慧、吳永芳、詹瑋、蘇啟明、林澤震、易正義、陳曉慧、張順良、陳進金、許育銘、彭國亮、沈道立等。此外也指導其他系所的論文，如三研所博士論文樊中原，碩士有劉永國、呂明章、唐玉禮、朱容德、朱中和、姚誠；政治所研究生沈道立。其他學校如東海大學歷史所陳哲三、師大歷史所周美華、師大三研所黃振涼、政戰學校政治所黃邦印等二十六名，學生跨校跨系所可謂桃李滿天下。這些學生中最受先生信賴的要屬劉維開，劉維開到黨史會工作是先生極力推薦，也常和先生請益，先生也會交代事務麻煩其處理，甚至與其合作寫書，劉維開記憶強，博學可比先生，有次筆者載先生參加會議，先生曾稱許：「維開博學通達，你較有條理。」這可能是跟隨幾十年來難得的讚詞。通常這些學生會主動約時間一同向先生請益，比較重要的活動還是由張力領銜辦理，如八十大壽時出版《史學的傳承》及祝壽活動，皆由張

力等策畫辦理。政大歷史系及政大歷史系友會為寫系
史，由筆者負責先生的紀錄影片，在楊善堯及其他學生
的協助下，於先生八十五歲時完成「永敬蔣公　蔣永敬
老師專題訪問」紀錄片，為老師留下珍貴的畫面。

1983 年 8 月 21 日，與指導學生陳哲三在中央研究院近代史
研究所合影。

　　先生指導學生，通常在題目及大綱的討論上會花較
長的時間，先生會給予許多觀念的啟發，題目及大綱訂
定之後，通常先生極少詢問進度，書寫過程會提醒有那
些資料應該應用，那些重點應該注意，其他部分都是
各憑本事。先生在教學之餘，花許多時間在研究與書
寫，有時還會請學生輩協助找尋某些史料，其看史料之
勤，即使在過世之前仍是如此，身教深深影響學生輩，
使學生不敢太怠惰。此外先生寫作速度甚快，蓋因許多
史料已經相當熟悉，加上觀點之後很快就完成大作，
九十歲之後還有許多專書出版如《蔣介石與國共和戰》

（1945-1949）（與劉維開合著），過世前還出版新作
《多難興邦：胡漢民、汪精衛、蔣介石及國共的分合興
衰》。2018 年過農曆年後，劉維開、陳立文與筆者請
示張玉法先生如何辦理，張玉法認為先生一向重視學
術，就辦新書發表會即可，約定 4 月 28 日假臺北長沙
街國史館辦理，由劉維開與筆者介紹先生的新書，沒想
到 4 月 26 日先生駕鶴西歸，遵照張先生的意思認為當
天還是如期舉行，發表會卻變成追思性質的懷念會議。

　　中年時期的先生與學生平時的互動其實並不熱絡，
研究所時期由於所長兼導師，因此會請同學聚餐，每個
學生記憶不同，大體而言，全班男同學較多者，話題較
少較嚴肅，女同學較多者則較為熱絡。印象中先生聚餐
不忌口，通常被指導的學生都會至先生家中，夫人一定
切許多水果招待，夫人比較少坐下來一起聊天，但有時
也會關心學生家中的情況，所以反而夫人和學生的感情
較好。特別是畢業後散在各地教書、工作的學生們也會
相約到先生家聊天，許育銘、陳進金班上算是比較常與
先生聯絡的一班，大家有一共同的感覺是先生年紀愈大
愈仁慈，在互動中有時還會和先生開玩笑。但先生最關
注的還是研究，學生有不成熟的論著先生嚴格審閱，劉
維開說：「蔣老師最讓我們佩服的一點是始終都在思考
一些問題，每次碰到先生，都會分享他最近新的發現、
新的史料及新的觀點。」這些指導的學生正如張力所
說：「可以和老師報告我們這些學生表現都很優秀，對
得起老師的指導。」張力也提到先生對其影響：「蔣老
師最大特色在於隨時能以新資料和新解釋來檢討歷史問

題，且主動引導學生進行研究，這些特色也是我在研究
和教學方面，力求仿效的典範。」[4]

　　先生的學生除了臺灣之外，大陸「學生」與先生的
關係有時比我們還要深，先生對他們讚譽有加，有時先
生在劉維開與筆者面前誇獎楊奎松、陳紅民等，實在有
些吃味，但也欣喜這些好友加入「蔣門弟子」之列。

　　大陸的「蔣門弟子」主要是與南京大學有關，這些
學者大都是張憲文或茅家琦先生的學生，改革開放之
後，有鑑於 1949 年大撤退時國史館的檔案未能遷移至
臺灣，後來大陸將國史館的檔案又從廣州移回南京，整
理後並成立南京第二歷史檔案館，南京成為研究民國史
學者必到之處，較早者如沈懷玉、張瑞德等，1992 年
當時還是學生的孫準植、李盈慧及筆者也至南京查閱資
料（同時期另有目前任教於河北師範大學的戴建兵也在
查閱史料），先生希望張憲文就近照顧，其實後來才知
道兩位先生僅在 1990 年開會初識，張憲文忙碌，請其
學生陳紅民、陳謙平等接待，其他同輩者如朱寶琴、申
曉雲、張生等亦常熱心接待，由於這批當年的青年學者
與筆者年紀相差無幾，成為一輩子的好友，這些學者後
來有許多機會到臺灣交流，先生也常前往南京交流，甚
至置產，如此一來加上後來更年輕的姜良芹、呂晶等就
成為先生在南京的蔣門弟子。南大門生記憶中的先生是
平易近人，關懷後輩，可能是先生晚年的形象，他們有

時對先生的照顧要比臺灣的蔣門弟子更為細心。

其中先生與兩陳（陳謙平、陳紅民）關係尤為密切，先生直接說兩陳就是他的學生，兩陳皆為張憲文學生，南京是國府首都所在地，於民國歷史發展有極大關係，為此，當時南京大學成立中華民國史研究中心，許多有關民國史的活動除在南大歷史系舉辦外，中華民國史研究中心成為民國史研究的重鎮與學界的溝通平台。當時由於兩岸未完全開放，民國史研究中心典藏臺灣相關論著與史料較少，先生有鑑於閱讀與資料的重要性，乃決定將其個人典藏臺灣地區的論著及資料贈予南大中華民國史研究中心，委由陳紅民與筆者負責，即請學生楊善堯等人負責打包，大約四十幾箱郵寄到大陸，為郵寄事宜還大費周章，在李素瓊助教的協助下終於完成任務。2006 年 11 月 1 日，在南京舉行「蔣永敬贈書儀式」，中心特設「蔣永敬圖書特藏室」，一周開放三晚，學校頒贈先生「學術之光惠澤後學」匾額，對於學術傳承有其啟迪之功。

陳謙平，畢業於南大歷史系，後留校任教。2002年獲歷史學博士學位，歷任南京大學歷史系教授、系主任等職，其主要研究為中外關係，著作甚多，其中以《抗戰前後之中英西藏交涉（1935-1947）》（北京：三聯書店，2003）著名，該書為其博士學位論文，獲全國百篇優秀博士學位論文，對民國時期中英兩國關於西藏問題的交涉進行了史實重建和深入分析。

陳紅民，畢業於南大歷史系，後留校任教，獲博士學位後，先後任教南大歷史系、浙江大學歷史系，歷任

中國近現代史研究所所長、蔣介石與近現代中國研究中心主任、人文學院歷史系教授兼系主任等職，研究領域早期以胡漢民為主，後來全力研究蔣中正，為大陸知名的民國史研究學者。先生多次為陳紅民專書寫序，對其甚為肯定，如在《蔣介石的後半生》一書的序文中提到：「陳紅民教授從事中國近現代史和國民黨史，以及民國史的研究工作，歷有年所，卓有成就。發表的著作，質、量均豐。陳教授研究的途徑，是從研究國民黨人胡漢民著手，進而擴及更多的相關人物和史事。其所表現的成就，是精於資料考訂和分析，來探求歷史的真相。故其發表的著作，深受國內外學者的重視和肯定。在史學界中，陳教授屬於年輕的一代，所負的任務，至為重大。」[5] 2013 年先生以陳紅民的名字結合其研究書寫墨寶相贈，題為：「紅起東方亮，漢興儒道宏。民族覺醒日，國運大昌隆。」[6]可知先生對其之器重。

由於兩陳為人客氣、海派，臺灣許多學者如張力、陳立文、劉維開、楊維真等學者與其皆有深交，兩陳經常到臺北，一定面見先生，討論學問、閒話家常，由於先生經常到南京，「南京蔣門弟子」特別是女弟子朱寶琴、申曉雲、姜良芹、呂晶等對先生特別照顧，先生大壽時南京的排場通常比臺灣熱鬧，這當然是先生與張憲文德高望眾的號召。除生活層面外，學術的啟迪更不在話下，先生不但惠賜高見，有時還幫忙整稿，以呂晶的

---

5 陳紅民，《蔣介石的後半生》（杭州：浙江大學出版社，2010），蔣永敬序。
6 蔣永敬，《九五獨白：一位民國史學者的自述》，頁 410。

《宋美齡後半生研究》為例，先生不但修稿，還特別交代筆者幫忙在臺灣商務印書館折衝出書事宜。張玉法對先生的性格頗有了解，曾說：「蔣公是一個勇往直前，遇急流不退的人，也有當仁不讓、捨我其誰的情懷，他的處世為人，與中國傳統士大夫『窮則獨善其身、達則兼善天下』有所不同，與他常相左右，可以獲得無比的力量。」[7] 南大門生獲得無比的力量，羨慕之餘只能反省我們的表現。

2006 年 8 月 1 日，參加在浙江奉化舉辦的「蔣介石與近代中國國際學術研討會」留影。左起：陳紅民、林桶法、張力、蔣永敬、孫若怡、劉維開。

除南京大學之外，蔣門弟子遍布其他地區，如楊奎松，歷任北京大學歷史系、華東師範大學歷史系教授，著作甚多，如《忍不住的「關懷」——1949 年前後的書生與政治》等，與先生認識甚早，1991 年 9 月在潘

7　張玉法，〈常相左右，永敬蔣公〉，頁 40。

陽召開九一八事變六十年週年學術研討會，楊奎松發表
的論文恰由先生評論，會後相談甚歡，甚至後來向張玉
法舉薦《西安事變新探：張學良與中共關係研究》在
臺灣東大出版社出版，先生特別提到：「西安事變之
『謎』亦為之開。也使此一研究，進入新的境界。此一
著作之問世，實為著者奎松本身努力之成就。」當時大
陸的論著能在臺灣出版甚不容易，但楊奎松記憶最深者
為先生提攜後進的態度，曾提到：「蔣公對我最大的提
攜與幫助，其實還不是幫我在臺灣出了幾本書，而是在
我剛剛踏入史學之門之際，引導我比較順利地走上了
史學研究的道路。」[8]「因為和蔣公交往十載，耳濡目
染，我早已自認是蔣公的學生。畢竟，在十年中，蔣公
的學問和為人對我教益良多。無論在北京、在臺北，每
當和蔣公在一起的時候，我都會由衷地感受到蔣公的人
格魅力所在。」[9]先生還幫忙楊奎松校正著作的一些問
題，雖然楊奎松與陳紅民都謙稱是「編外弟子」，但先
生對楊奎松等的讚許與愛護遠遠超過我們這些正式掛名
的門生。

　　金以林，畢業於新加坡國立大學中華研究系博士，
任職於中國社會科學院近代史研究所，專攻國民黨派
系，著有《國民黨高層的派系政治：蔣介石 "最高領
袖" 地位是如何確立的》等專著，其父親金冲及，專攻
中國共產黨史，父子倆人與先生深交。大陸地區除南京

8　楊奎松，〈永敬蔣公〉，《傳記文學》，第 113 卷第 3 期（2018.9），
　　頁 65。
9　《史學的傳承－蔣永敬教授八秩榮慶論文集》，頁 352。

之外，北京社科院近史所亦是先生的一個據點，由於夫
人的親戚多在瀋陽及北京，先生陪同探親及開會，自然
受到社科院近史所同仁張海鵬、王建朗、汪朝光、金以
林、王奇生等人熱情招待，社科院近史所同仁到臺灣查
閱資料還在臺北市興隆路租屋，金以林研究國民黨派系
常至先生家造訪請益，即如夫人過世後，先生有段時間
搬至淡水，還特地去探訪，常說蔣公就是他的恩師，先
生則說金以林是他的忘年之交。[10]

　　其實除以上所提諸學生輩之外，視先生為老師者甚
多，指導只是直屬而已，有些不僅是學生，還是牌友
（如王震邦等），最大的影響應該是觀念的啟迪及精神
的感召。

　　先生到八十歲之後特重「三老」之道，即老本、老
伴、老友。另重「四少」之法，即少憂慮、少勞累、少
吵嘴、少生氣，這也是先生和夫人的相處之道。晚年的
先生真的印證中國《紅樓夢》的對聯：「世事洞明皆
學問，人情練達即文章」，只要先生參與的討論會就會
有歡笑聲，大口吃飯、大口飲酒（只喝幾杯）、急行走
路、瀟灑自在，這些可能是其長壽的原因。

---

10 蔣永敬，《九五獨白：一位民國史學者的自述》，頁408。

第六章　治史精神及成果

1. 治史方法與態度

　　曾國藩論治兵之才:「公」、「明」、「勤」,不公不明則兵不悅服,不勤則營務廢弛。綜合先生的治史之道可以用「嚴」、「明」、「勤」來形容,論史必須以史料為基礎,先生治學嚴謹,對史料進行紮實的考訂,謂之「嚴」;先生認為民國史的研究必須從資料開始,他服膺身體力行的羅家倫,研究民國史在勾稽史實,講求真實貫串情節,點出關鍵,有過人之處,可能與其重視史實有關。論述必須清楚、明確問題意識與重點,此為「明」;也因此其對人物的研究常能識其大而又不遺其小;為學必須多讀、多找、多寫,謂之「勤」。先生直到晚年還繼續努力寫作,每有資料不足還要劉維開協助提供。先生受政大教育所諸先生的啟發,又得力於黨史會史料整理的紮實功夫,加以認真勤勞養成快筆,因此著作等身。先生閱讀大家所閱讀的史料,卻能寫出大家無法闡述的觀點,此為史才,後學者望塵莫及,但先生的學術典範及精神則是可以效法學習的。

　　曾任中央研究院院長的吳大猷在主持中研院近代史研究所舉辦的「抗戰建國史研討會」上曾提到:「治史的一個最大的毛病,就是說我心裏對那個人很好,我就都講一面的話。至於能夠純粹從學術觀點,做誠實的紀錄,我以為並不簡單,因為每個人多少有點偏見。說來

說去，沒有一個人完全沒有任何一點偏見，因為在不同背景和不同環境之下，多多少少，總會有點偏；絕對不偏是很難的事。但治史最重要的就是維持客觀。」[1] 先生雖有其見解，但也能盡量維持客觀與其治學態度有關。

為學態度包括認真、謙沖、包容、廣結善緣等。先生認為史料是研究的基礎，先生喜歡看書，甚至還有上廁所看書的習慣，這點常被夫人碎念，當先生把書送到南京大學（繁體書）及東華大學（簡體書）後，仍保留一些重要的史料在木柵，有段時間搬離木柵到淡水居住時，書寫時需要查閱，還特別告訴家人書放在哪裡請幫忙查閱。因勤於閱讀，養成其敏銳的觀察力，並不斷提出新議題進行研究。先生對學術研究的心得，隨時都想與學生分享，不論是一起吃飯或到木柵貓空的杏花林小遊，都曾拉著學生談論辛亥革命的「主義、宣傳、組織、經費與行動」，講到得意時還會手足舞蹈哈哈大笑，嘗謂其研究生涯：「早期埋首史庫，咀嚼史料，故多『微觀』之作；後期閱歷漸增，溫故知新，間有『宏觀』之作。」[2] 不斷尋找新史料與新題目似乎是先生的寫照，在其遺作《多難興邦：胡漢民、汪精衛、蔣介石及國共的分合興衰》〈自序〉中提到：「年邁力衰，深感時光可貴」，但「學無止境」，有感於大量新資料出

1　吳大猷，〈開幕詞〉，《抗戰建國史研討會論文集1937-1945》（臺北：中央研究院近代史研究所，1985），頁2。

2　蔣永敬，〈自序〉，《孫中山與中國革命》（臺北：國史館，2000），頁2。

現，有助於對此段時期史事之釐清，乃埋首著述，藉以「增進這一階段歷史真相，助於多方面的認識。」[3] 研究注重史料，因其休閒時喜好麻將，嘗以「麻將哲學」來解釋史料對於需求者之價值，謂：「吾人在雀戰時，無不集中精神欲得需要之牌，一旦得之，其樂無窮；尤其待胡之大牌，忽然得此亟需之牌，無不大為驚喜，甚至因驚喜過度而致昏厥不醒者。史料對於研究問題者之需要，亦如是也。不會雀戰者，不知好牌之可貴；不研究歷史者，不知史料之珍貴價值。」[4] 先生秉持「涵養須用敬，進學在致知」的精神戮力於史學的研究。

先生對人謙沖包容，由於兩岸學術交流頻繁，先生經常應邀參加，參與討論會時秉持史學家的態度「該褒則褒，該貶則貶」，學術討論會結束後更不吝與之交流，更不吝讚賞優秀的著作與觀點。南京江蘇檔案館研究員孫宅巍形容先生「與學人交往中，謙謙君子，充分尊重別人的研究成果」、「與朋友相處中，真誠隨和，完全沒有名人、大學者的架子」。[5] 張玉法讀先生《多難興邦：胡漢民、汪精衛、蔣介石及國共的分合興衰》大作後提出意見時，提到先生的包容性：「匆忙讀了永敬先生的這本書稿，對永敬先生的治學精神至為感佩。曾向永敬先生提出若干小意見，皆承永敬先生接納。嘗

3 蔣永敬，《多難興邦：胡漢民、汪精衛、蔣介石及國共的分合興衰 1925-1936》（臺北：新銳文創，2018），〈自序〉，頁 10-12。
4 蔣永敬，《九五獨白：一位民國史學者的自述》，頁 68-69。
5 孫宅巍，〈永敬師長永遠活在我們心中〉，《傳記文學》，第 113 卷第 3 期（2018.9），頁 63。

見史學界有人見到別人批評就惱怒，益覺永敬先生在史學界之所以能『大』，乃因其能『容』。」[6] 李雲漢提到自己的論著《中國國民黨史述》[7]一書出版後，先生發表評介時指出：「本書內容至為豐富，對於欲求瞭解國民黨歷史的讀者，提供了很大的便利。例如欲求瞭解國民黨歷屆代表大會的內容，該書即有頗為完整的記述。」[8] 但同時先生也不同意李雲漢對於第十四全大會的評價，認為第十四全大會與派系糾紛甚嚴重的第二全大會相差無幾，應可做比較。

　　與大陸學界交往，兼容並蓄尊重他人意見，但也能暢所欲言，因此與先生交流者總能獲得許多啟發。先生對於楊天石解決中山艦事件、楊奎松解決西安事變的疑惑讚譽有加。1988 年楊天石在《歷史研究》發表〈中山艦事件之謎〉，先生為其喝采，1991 年兩人初次見面一見如故。其後先生又對楊天石編寫的《中華民國史》二篇五卷予以高度肯定，並讚譽其每篇文章都是精心之作，有新資料、新見解，富有啟發性。[9] 1993 年閱楊奎松《中間地帶的革命》新著，引用中共檔案資料，認為該書有關西安事變前張學良與中共之關係，頗多新的內容。

6　〈推薦序《多難興邦》導讀〉，《多難興邦：胡漢民、汪精衛、蔣介石及國共的分合興衰 1925-1936》，頁 5。

7　李雲漢，《中國國民黨史述》（臺北：中國國民黨中央委員會黨史委員會，1994）。

8　李雲漢，《史學圈裏四十年》（臺北：東大圖書公司，1996），頁 356。

9　楊天石，〈蔣永敬教授和我的學術切磋與詩歌唱和〉，《傳記文學》，第 113 卷第 3 期（2018.9），頁 50。

其次就方法論而言，最主要從考訂著手，陳謙平提到：「以後陸續讀過蔣先生的一系列著作和論文，從中學到很多治史的方法，自此以蔣先生的門外弟子自詡。」[10] 方法論中最重要是考證法，茲舉實例作說明。

（1）孫中山來臺次數

先生對辛亥革命史料之涉獵，約在 1957-1958 年間編著《胡漢民先生年譜》之際，閱讀胡漢民《自傳》，深感該傳對革命活動之記述生動有趣，繼閱其《胡漢民文集》，認為該文集記載革命史料至為豐富。1961 年前後，先生又參與《國父年譜》之增訂，考訂史料，對辛亥革命之了解漸多。此時大陸方面有辛亥革命資料及回憶錄等多種史料之出版，臺灣方面受此激盪，有《中華民國開國五十年文獻》之編印，會中同仁多參與其事。1965 年，為紀念孫中山百年誕辰，編印叢書數十巨冊，先生參與編校工作。故此數年間，所接觸者，以辛亥革命史料及其史事為多。是年 11 月，臺灣報刊頗多紀念孫中山革命運動之文章。最值得注意者，為史學家方豪連續為文〈國父來臺次數說〉，依其考訂，孫中山來臺之次數，由四次而五次，再而六次、七次乃至八次。且在《傳記文學》7 卷 6 期（總 43 號，1965 年 12 月）發表〈研究國父來臺次數與撰寫史著之回顧的經過〉一文，以確認由四次而至八次之說。先生閱此文，大為驚異，以為方豪乃名史學家，何以治學有失嚴謹，

---

10 《史學的傳承－蔣永敬教授八秩榮慶論文集》，頁 348。

乃為文駁之，吾人誠希望次數愈多愈好，但事實上據可
信史料，僅有三次。

（2）考訂胡適的疑難問題

　　〈朱芾煌與辛亥南北議和〉一文為先生首次發表研
究辛亥革命史事之專文（載於《傳記文學》19 卷 2 期，
1971 年 8 月）。利用大陸與臺灣方面印行之資料，考
訂朱芾煌在辛亥（1911）南北議和前，至武漢活動之日
程，與南北開始停戰之關連。此事起於胡適〈跋中央研
究院歷史語言研究所所藏的「毅軍函札」中的袁克定給
馮國璋的手札〉一文。胡在文中指出：惜此「手札」無
日期，對朱到武昌日期難以明確，因而對若干重要事實
之演變，無從加以聯繫。經先生考訂，確定袁克定致馮
國璋之手札日期，為 1911 年 12 月 1 日。而次日（12
月 2 日）之南北開始停戰，乃為朱氏此行之結果。先生
據京津同盟分會名冊，朱為該會財政及外交部員，該會
章程之規定：「各部長及部員，受會長之委託，得為各
處特派員」。故朱在京津彰德的活動，以及被派赴武昌
報命，當受京津同盟分會會長汪精衛的委託或特派，此
為鑽牛角尖的工作。

（3）辛亥革命的考訂工作

　　1971 年先生另有較細膩的兩文研究辛亥革命，一
為〈從中國同盟會成立初期（1905-1906）會員名冊探
討幾個問題〉；一為〈辛亥革命前十次起義經費之研
究〉。分別發表於張玉法主編《新知雜誌》第一年之

第 4 號、第 6 號（1971 年 8 月、12 月）。同盟會初期會員名冊原件，藏於國民黨黨史會。1953 年刊於該會之《革命文獻》第二輯。名冊登記之項目含姓名、籍貫、年齡、加盟日期、主盟人、介紹人、備考，計為九百五十六人。此為研究同盟會極重要之資料，過去鮮有利用者。仔細觀察此一名冊，復以相關資料印證之，可以發現極有意義之問題，或修正一般著作之缺誤。例如 1905 年 7 月 30 日同盟會正式成立前之籌備會，為極重要之會議，出席之人數及姓名，過去一般記述頗多歧異及缺誤，解決至難。據名冊加盟日期加以考訂，迎刃而解。經先生考訂找出七十三人，皆有姓名，亦即出席此會之全部名單。又如 1905 年 8 月 20 日（舊曆 7 月20 日）同盟會正式成立之日，出席會員之人數，過去所有史著，皆謂三百餘人。而《孫文學說》第八章云為「加盟者數百人」，惟根據名冊登記會員加盟之日期，在 1905 年 8 月 20 日以前加盟者，不過百人左右。證以《宋教仁日記》，是日「到者約百人」。因加盟者始能成為會員，而有出席大會權利。故所謂三百餘人或數百人，皆非確數。又張人傑對革命捐助至多，為孫中山所尊重之好友，其加盟日期，有不同之記述。今據《名冊》是「丙午」（1906）3 月 30 日（應是舊曆）加盟，在《名冊》中，張與褚明遺（民誼）並列。經先生考訂，是日應即孫、張兩人初晤日期，兩人同乘輪船自歐東回經新加坡之途中。

　　此外對「辛亥革命」這一名詞，先生提到：「這是大家最普遍習用的名詞，來源為何？何人、何時、何處

開始使用的？最早關於這方面的著述，鮮有使用『辛亥
革命』名稱者，如最早的一本辛亥革命史著，為 1911
年上海《時事新報》館出版的蘇生著《中國革命史》，
主要內容為 1911 年（宣統三年）4 月 27 日至 10 月 28
日間中國革命史實。」[11]

　　又革命經費與革命運動之關係，至為密切，一般革
命史著，著墨不多，蓋以此類資料不全，難作完整之研
究。愈是資料不全，愈有尋找資料以供研究之必要。經
費注重數字，以數字顯示意義，至為真實而具體。革
命為冒險事業，籌款至難，用何方式籌款，較為有效？
一般流行之說，革命捐款，多來自華僑，且常謂捐輸如
何如何踴躍，此乃籠統之觀念。先生的〈辛亥革命前十
次起義經費之研究〉，從諸多片段、零碎資料中，只能
找出經費之來源，而其支用情況資料，極為缺乏，故研
究重點，亦僅就來源方面，進行綜合及分析，以顯示
其意義。例如興中會時期之兩次起義經費，除第一次
（1895）僅有檀香山華僑捐助一部分外，餘皆革命黨人
自籌。而同盟會時期之八次起義經費，絕大部分來自華
僑的捐助。同盟會早期（1907-1908）捐助者，以南洋
地區華僑為主；後期（1911）則遍及海外各地，數額亦
較大。此種趨勢，足以顯示華僑之支援革命，愈後則愈
普遍。華僑捐款，常因時期、地區、階層之不同，而有
不同之表現。早期以勞工階層為多，後期漸有商人及資

---

11 蔣永敬，〈談辛亥革命史的研究〉，《國史研究通訊》，第 1 期
　　（2011.12），頁 4。

本家。辛亥前十次起義經費，總計不過港幣六十餘萬元，其中約百分之二十為革命黨自籌。而武昌起義革命成功時，一次數十萬之捐款，輕而易舉。

先生考訂除修正一些錯誤之外，另有補正的作用，如〈從吳稚暉《留英日記》來補正國父幾次旅英日程的缺誤〉一文（刊於《傳記文學》26 卷 3 期，1975 年 3 月）是過去參與《國父年譜》增訂時，未曾發現的資料。其後黨史會之增訂本，已補正之。可知資料之發現，史事之補正，有賴於考訂工作。

其三，建立理論方面：先生對於名稱的考辯從微觀入手，從宏觀論述，宏觀與微觀並用，認為：「研究史事，撰寫論文，須有可讀性，深入淺出，至為不易。基本要求，在能熟悉史事與史料，理出脈絡，形成系統，有深度亦有廣度，則須兼顧微觀與宏觀，考訂與論述並用」。[12] 先生建立的觀念包括：

（1）論述革命運動的整體性

鑽牛角尖之工作，固為治史之基礎訓練，然不免支離破碎，枯燥乏味。如何擴大視野，自成系統，將諸多相關史實，貫連起來，對辛亥革命運動作一整體性之研究，且使內容不致流於空疏。1981 年 9 月，香港珠海書院舉辦孫逸仙博士與香港國際學術會議，臺灣方面應邀出席者有二十一人，先生的論文題為〈辛亥革命運動與香港〉，即以思想、宣傳、組織、實行四者，來衡

---

12 蔣永敬，《九五獨白：一位民國史學者的自述》，頁 114。

量香港在辛亥革命運動中之地位。1985 年 8 月 20 日，
為同盟會成立八十週年，中國國民黨中央紀念週會邀請
先生作專題演講，講題為〈同盟會成立的時代意義〉，
該講稿微觀與宏觀兼顧，考訂與論述並用，以思想（觀
念）、組織、宣傳、起義為架構，分析、綜合同盟會成
立的時代意義。該講稿發表於是年 10 月《近代中國》
第 49 期，嘗試以思想（主義）、宣傳、組織與實行（起
義）四者，作為宏觀架構，論述革命思想的發源，革命
組織的起點，革命宣傳的重鎮，革命起義的基地。並以
此而論立憲運動：為求立憲運動之有效，須先有立憲之
思想理論；為求仁人志士共同致力，必須組黨，成立
團體；為求共喻，必須宣傳；為求實現，則須採取行
動，如請願、罷市、抗稅等。辛亥年之四川路潮即為
由改革行動而演成的革命行動，兩者合流，結束滿清
政權。

　　先生研究辛亥革命時，既不願套用馬克斯理論，為
之演繹，認為應從歷史經驗及資料中尋求之，試求一理
論體系，以便於史實之解釋。1986 年參加中央研究院
第二屆國際漢學會議明清與近代史組時，發表論文〈同
盟會《民報》中的革命起義之理論與方法〉，此文係從
《民報》之言論中找出革命黨人討論起義問題，從歷史
經驗中找出理論與方法，認為推翻舊政權用力少而為時
短，建立新政權則用力多為時長。在理論上，認為推翻
舊政府，易；建立新政權而「天下定於一」，難。如何

求易避難，則須從歷史經驗中尋求方法。[13]

（2）以「三權論」研究民國政局

　　所謂「三權」指軍權、黨權、民權，「三權論」係在其國民革命與胡漢民之研究基礎上發展而來，認為：「中國近代之革命，一為國民黨之國民革命，一為共產黨之共產革命。國民革命因時期之先後，有辛亥革命、討袁護法、北伐統一等不同階段。在進行程序上，依孫中山的規劃，同盟會時期為軍法、約法、憲法三時期。民國以後之中華革命黨及中國國民黨為軍政、訓政、憲政三時期，前後名稱雖不同，但實質無異。軍法、軍政為手段，約法、訓政為過渡，憲法、憲政為目標。以言其治，則由軍治而黨治，由黨治而民治；其權則為軍權讓之黨權，黨權讓之民權。其可能乎？要視軍權、黨權、民權三者運用之關係而定。」[14]

　　「三權論」理論之提出，係 1988 年 5 月，應李又寧、吳天威之邀，參加紐約「二十世紀中國民主運動史」研討會，以〈國民黨與民國早期之民主運動〉為題，論及國民革命運動之目的，在實現民權，北伐以前，未能取得政權，無從實行約法或訓政；而北伐以後，既取得政權，並實施訓政，並未能過渡到黨治，且仍停留在軍治階段者，乃形勢使然。

　　先生接下來以「三權論」研究國民政府之訓政，時

13 蔣永敬，《孫中山與辛亥革命》（臺北：臺灣商務印書館，2011），頁 151-166。

14 蔣永敬，《九五獨白：一位民國史學者的自述》，頁 132。

值呂芳上在中央研究院近代史研究所策劃學術討論會，
呂認為國民政府實施訓政多年，研究者不多，敦請先
生在近代史研究所作一訓政問題研究報告，先生即以
「三權論」之觀點，來解釋訓政實施之背景及其遭遇之
挫折，思突破正反兩極之論調。正面肯定國民政府訓政
者，認為有助中國統一之鞏固，為憲政立下基礎；反面
否定訓政者，認為一黨專政，或個人獨裁，與準備憲政
背道而馳。先生對此兩極論調，皆不以為然，亦不作價
值之判斷，乃以軍權（治）、黨權（治）、民權（治）
三者消長關係論述之。三者無絕對善惡之標準。

　　1992 年 8 月，國史館舉行「中華民國史專題」
研討會，先生以「三權論」研究國民黨之訓政，發表
〈國民政府實施訓政的背景及挫折（民國十七年至二十
年）〉一文，除前言、結論外，分為四個要點，即「訓
政的由來與意義」、「訓政實施的背景」、「訓政實施
的經過與特色」、「訓政實施的阻礙與挫折」，對於中
國國民黨之訓政問題有深入的分析。1993 年 2 月，復
以「三權論」之觀點探討孫中山逝世後，國民黨內胡漢
民、汪精衛、蔣中正三人之分合，與政局變化之關係，
撰〈胡、汪、蔣分合關係之演變〉一文，其論點對於日
後探討國民黨內部權力關係之研究影響甚大。金以林極
為肯定三權論的敘述，曾函先生：「以前讀您的書，
「三權論」給我的啟發最大，我覺得國民政府時代很多
政治問題都可以用這一理論去解釋，但有時又感到某問
題很難準確說清楚，特別是黨權與軍權的區別，就常感

到很難劃清。」[15]

　　另如辛亥革命的性質，當焦點擺在張玉法的全民革命還是章開沅的資產階級革命的爭議時，先生提出「國民革命」說，先生認為：關於辛亥革命的性質問題，兩岸學者一度曾有爭論，大陸方面認為是「資產階級革命」，臺灣方面有的認為是「全民革命」。為正本清源，還原歷史，應曰「國民革命」，理由如下：（1）孫中山〈遺囑〉曰：「余（孫）致力國民革命，凡四十年。」（2）〈同盟會革命方略——軍政府宣言〉曰：「前代為英雄革命，今日為國民革命，所謂國民革命者，一國之人，皆有自由、平等、博愛之精神，即皆負革命之責任。」（〈同盟會革命方略——軍政府宣言〉，《國父全集》，第一冊，頁233。）（3）陳天華《中國革命史論》把西方的民主自由革命，稱為國民革命；把中國歷史上的專制革命，稱為英雄革命。他說：所謂國民革命者，「革命而出於國民也，革命之後，宣佈自由，設立共和。……如近日泰西諸國之革命是也。」所謂英雄革命者，「革命而出於英雄也，一專制去，而一專制來。……中國歷來之革命是也。」（陳天華，〈中國革命史論〉，東京《民報》第2號，1906年1月）。[16]

　　先生此說雖沒有引起太多的迴響，但總能提出其理論根據。先生治史總能從微觀中入從宏觀中出，挈領而

---

15 蔣永敬，《九五獨白：一位民國史學者的自述》，頁265。
16 蔣永敬，〈談辛亥革命史的研究〉，頁6。

不失據，因此其論點常為學者所引用。而其研究則不斷
延伸，正如呂芳上所說：「選對了題目，深入研究的
話，副產品的成績，甚至可能超越正產品。例如蔣先生
為了研究胡，半路岔出的《鮑羅廷與武漢政權》一書，
甫出版即成為民國史學界炙手可熱的學術著作。」[17] 先
生選題及深入研究的精神可供後學仿效。

2. 出生民國、研究民國的論著

日記中以學術日記最為枯燥，自傳中以學術介紹最
為難寫，論述不佳容易成為目錄的簡介，在此盡量作以
統計分析的方式呈現先生豐富的研究成果，或不能完全
涵蓋先生的論著，但希望能從提綱契領中了解先生的
思想脈絡。呂芳上稱：「蔣老師從胡漢民專家到民國史
專家」，終其一生以發表文章的時間而言，專文最早者
為〈九一八事變中國方面的反應〉（《新時代》5 卷 12
期，1965 年 12 月），以黨史會庫藏資料，指出國民政
府在九一八事變後曾議定「全國防衛計畫」，有其積極
作為，而地方軍人不聽中央號令，實為此計畫難以執行
之主因。該文為先生閱讀梁敬錞《九一八事變史述》一
書有感而作。專書最早者為《鮑羅廷與武漢政權》。此
後分為三階段，第一階段（黨史會時期（1957-1978），
計二十二年，第二階段政大專任時期（1979-1991），
計十三年，第三階段退休後（1992-2018），計二十六
年。發表的專書共二十本，合著五本，編著六本，專文

---

17 呂芳上，〈追隨半世紀：懷念永敬蔣公〉，頁 48。

百餘篇，另有幾十篇書評，可謂著作等身。依時期而
言，專書及合著，第一階段七本，第二階段六本，第
三階段十二本。專文，第一階段二十五篇，第二階段
四十三，第三階段六十一篇，三個階段中以退休之後的
成果最為卓顯。先生退休後之生活，更形充實，自謂
「無工作之勞形，有自由之時空，閱愛閱之書，寫愛寫
之文，作愛作之事，遊愛遊之地，自由自在，海闊天
空」。劉維開提到：「蔣老師是一位與時俱進的學者，
不斷吸收新的資料，修正舊的觀點。每次探望老師、師
母時，都會聽到老師講述最近閱讀新資料的心得，我從
老師身上真正看到了『活到老，學到老』的精神。」[18]

　　先生本身就是一部民國史，出生民國，研究民國，
甚至參與政治活動，保衛民國。一般言，不論是做事或
做學問均與三項因素有關，第一要有組織，第二要有經
費，第三要有人。先生研究的課題雖興趣之所致，但與
以上三者脫離不了關係。早期臺灣推動民國史發展的機
構主要有：黨史會、國史館、中研院近史所、中華民國
史料研究中心、政治大學歷史研究所等單位，有時獨立
舉辦、有時合辦各式學術研討會，探討課題相當廣泛，
60 年代到 80 年代以民國初期及北伐為重點，80 年代之
後，以抗戰及整體性的討論增多，特別是民國史關鍵年
代逢十必辦討論會，如辛亥革命六十週年、五四運動
六十週年、七七事變六十週年、西安事變六十週年等，
必將議題集中於該事件進行討論，對於推動民國史研究

18 《史學的傳承－蔣永敬教授八秩榮慶論文集》，頁 354。

及促進學術交流有極大助益。當時民國史研究主要的發表園地為：《傳記文學》、《近代中國》、《食貨月刊》、《中華文化復興月刊》、《中華學報》、《國史館館刊》、《近史所集刊》及各大學歷史學報等，先生的文章大部分發表於上述刊物。

綜觀先生的研究重點大約分為五大區塊，其一，孫中山及辛亥革命，其二，胡漢民及武漢政府方面，其三，早期國共關係，其四，抗日戰爭，其五，蔣中正研究。

其一，孫中山及辛亥革命方面

先生接觸史料最多的應該是辛亥革命及早期國共關係部分，先生在孫中山的研究方面，有《國父革命運動史要及其思想之演進》（臺北：正中書局，1975）、《孫中山與中國革命》（臺北：國史館，2000）、《中國思想家（50）——孫中山》（臺北：臺灣商務印書館，1979，2版）、《孫中山與胡志明》（臺北：臺灣商務印書館，2011）等四本專書，另有〈孫中山先生與「三大政策」〉（《珠海學報》10期，1987年10月）、〈孫中山對中國統一的主張〉（《近代中國》91期，1992年10月）等篇專文，先生於孫中山思想理論之研究中，除革命思想形成與演進，以及各時期革命言論與主張外，對於所謂孫中山聯俄、容共、扶助工農的「三大政策」問題尤為著力。中共長時期指稱「三大政策」係孫中山在改組國民黨時所確立，並作為譴責國民黨反

共的憑藉。[19] 先生將「三大政策」作系統性的研究，也
逐漸改變大陸學者「三大政策」刻板式的解釋，使聯
俄、容共、扶助工農政策回歸到歷史事實。1981 年 8
月 24 日至 28 日由黨史會請國史館、中央研究院近代史
研究所、國立政治大學國際關係研究中心共同舉辦「中
華民國建國史討論會」，地點在臺北市圓山大飯店。秦
孝儀聘國立臺灣師範大學文學院院長李國祁為祕書長；
先生和淡江大學歐洲研究所所長許智偉、亞洲人民反共
聯盟中華民國總會副祕書長李文哲，則受命為副祕書
長；黨史會同仁劉世景、呂芳上及祕書處同仁喬維和、
劉偉鵬等，分別擔任祕書、總務、議事、接待、新聞等
組的負責人，廣邀國內外學者專家及青年研究人員共
二百二十人參加，共提出論文七十三篇。先生於會中發
表論文，題曰〈鮑羅廷與中國國民黨之改組〉，評論人
為韋慕庭及吳文津兩教授。論文除前言、結論外，以聯
俄、容共、扶助農工三大要項來探討鮑羅廷為改組國民
黨而執行共產國際及蘇俄之政策。先生認為鮑氏此一政
策乃是根據共產國際有關中國問題許多決議或文件，以
及蘇俄派遣來華人員的實際活動情形而歸納之。鮑氏後
來稱之為「三大政策」：聯俄、容共、扶助農工。先生
就此三者的發生，各方之反應，鮑藉改組國民黨時對此
政策進行之過程，分別加以探討之。最後則就鮑推行此
政策之障礙與原因，以及對國民黨之影響，加以分析。
結論指出：根據以上之探討，鮑羅廷欲藉協助國民黨之

19 劉維開，〈民國史學者蔣永敬〉，頁 30。

改組，以推行蘇俄及共產國際對國民黨之聯俄、容共、
扶助農工之三大政策，顯然未能順利進行。其癥結所
在，是由於這些政策的背面所隱含的蘇俄及共產國際對
國民黨之不利企圖，愈來愈為明顯，因而引起多數重要
國民黨人的排拒。論文評論人韋慕庭教授，專研於此，
評論之餘也提出問題。另由吳文津教授評論，吳為哈佛
燕京圖書館館長，對資料甚熟悉，故其評論，亦就此方
面著眼。會議以後，對韋慕庭教授評論文提出「三大政
策」問題，更加注意，開始收集更多的相關資料，以探
討此一名詞之由來。

　　1985 年 11 月，香港有「孫中山先生與中國現代
化」國際學術會議之舉行，先生在此會中發表〈孫中山
先生與「三大政策」〉一文。其時在大陸宣揚孫中山
「三大政策」最積極者，為當年之國民黨左派人士如宋
慶齡、何香凝等。宋慶齡，孫中山之夫人；何香凝，廖
仲愷之夫人，「三大政策」出諸彼等之口，豈可懷疑
乎？先生既有相當可信證據，確定「三大政策」一詞，
絕非出自孫中山，乃係共產黨在孫去世以後所提出，一
些國民黨人隨聲附和之。韋慕庭也認為：「三大政策這
個名詞是共產黨的一個創造。」[20] 一般而言，共產黨及
其附從者則將「三大政策」指為聯俄、聯共、扶助農
工，是由國民黨總理孫中山先生在 1924 年改組國民黨
時所確定的政策，且為中山先生新的或革命的三民主義

---

20 C. Martin Wilbur and Julie Lien-ying How, ed, *Documents on Communism,
Nationalism, and Soviet Adviser in China, 1918-1927* (New York: Columbia
University Press, 1956), pp. 392-393.

之主要內容，亦為實行三民主義的唯一方法，而不容加
以改變的。國民黨人則認為中山先生改組國民黨時，雖
有聯俄、容共的措施，以及農工方面的政策，但並不能
說孫中山以此三者構成「三大政策」。更何況在國民黨
的歷次宣言中或決議案中，以及孫中山先生的著述中，
根本無此「三大政策」的名詞，而聯俄、容共，只是一
時的策略，不能與主義混為一談。（收入《孫中山與辛
亥革命》）。先生後又陸續發表相關論文深入探討，一
為 1988 年在「北伐統一六十周年學術研討會」中發表
〈論北伐時期的一個口號：三大政策〉；一為 1989 年
發表〈三大政策探源〉一文（刊於 1989 年 3 月《傳記
文學》）。大陸其他學者對「三大政策」之解釋，顯
然有所改變。1991 年 8 月，先生在夏威夷「紀念辛亥
革命八十週年」國際學術研討會提出論文，題為〈海峽
兩岸學者對「三大政策」解釋的比較〉。此次與會者
有大陸、日本、韓國、美、加、澳、歐洲各地學者，
韋教授亦與焉。（ "Sun Yat-sen's Three Great Policies:
A Comparative Analysis of Guomintang and Communist
Interpretations", 收入衛藤瀋吉與史扶鄰合編 *China's
Republican Revolution*）

　　由於先生的考辯，除了臺灣學者如克思明，尋找資
料加以印證先生的說法外，[21] 大陸學者慢慢也修正其原
來的看法，如吳劍杰便認為：「關於三大政策，即『聯

---

21 克思明，《早期國共關係新論——從俄聯、聯共到三大政策的辯
　證》（臺北：臺灣學生書局，2005，修訂版），頁 411-476。

俄』、『聯共』、『扶助農工』作為一個規範的完整
的概念的提出，確非出自孫中山本人，而是由共產黨
人和國民黨左派在與國民黨右派的鬥爭中逐漸明確和完
成的。」[22]

　　至於辛亥革命方面，專文有〈朱芾煌與辛亥南北議
和〉（《傳記文學》19卷2期，1971年12月）、〈辛
亥革命前十次起義經費之研究〉（《新知雜誌》1卷6
期，1971年12月）、〈同盟會成立的時代意義〉（《近
代中國》49期，1985年10月）、〈研究辛亥革命的
微觀與宏觀〉（《國史館館刊》復刊26期，1999年6
月）等。主要的研究貢獻是釐清許多名詞，如「中華民
國」、「國民革命」等，有關「中華民國」名稱方面，
先生提到：孫中山提出「中華民國」的名稱，曾經過長
時期的斟酌和考慮。1894年11月24日在檀香山成立
興中會的誓詞中是說：「恢復中國，創立合眾政府。」
次年2月香港興中會誓詞說：「恢復中華，創立合眾政
府。」1903年在東京青山成立軍校，學生入學誓詞，
開始用「恢復中華，創立民國。」這是「中華」和「民
國」兩詞的出現。但四個字尚未連結在一起。「中華
民國」四個字連在一起，首見1904年秋孫中山在紐約
發表的《中國問題的真解決》英文本，「Republic of
China」一詞，即今日「中華民國」英譯名稱。舊譯本
（1904年）譯為「支那共和政體」，新譯本（1928年）

22 吳劍杰，〈孫中山的三大政策與新三民主義的內在聯繫〉，《武漢大學學報》（哲學社會科學版），1996年第3期，頁89。

譯為「中華民國」，後者方為正確。但在中文直接文獻
中首次出現「中華民國」名稱，是在同盟會成立後第二
年（1906），除萍瀏起義文告外，最重要的是在 1906
年 12 月 2 日同盟會《民報》週年紀念大會祝詞中有「中
華民國萬歲」口號（《民報》四號）。同日，孫中山在
大會的致詞中三次提到「中華民國憲法」。由於先生精
準的考據加上其視野宏觀，不僅關注國內革命，也注意
到華僑對辛亥革命的影響。

學者肯定先生的論點，如張金超提到：「對孫中山
與蘇俄關係的研究，兩岸學者觀點向來存有分歧。臺灣
學者成果疊出，蔣永敬於此用功甚深。蔣氏的〈孫中
山先生與越飛聯合聲明前的談判〉、〈馬林與國共合
作〉、〈鮑羅廷與政組國民黨〉與大陸學者楊奎松的
〈莫斯科決定聯合孫中山之經過〉、〈孫中山的西北軍
事計畫及其夭折〉、〈孫中山、莫斯科與國共糾紛的緣
起〉六篇論文合為《中山先生與莫斯科》一書刊出。這
是新時期兩岸學人合作著述的新嘗試。此書利用1920
年代有關中國革命運動、蘇俄和共產國際關係的莫斯科
檔案，以專題形式，對『聯俄容共』政策、孫中山與蘇
俄及共產國際的關係予以詮釋，不乏真知灼見。」[23]

其二，胡漢民及武漢政府方面

先生對胡漢民的研究甚勤，包括遺作《多難興

23 張金超，〈近十年來臺灣地區孫中山研究的進展與困境〉，《中
山社會科學》，2014 年第 1 期，頁 1-2。

邦：胡漢民、汪精衛、蔣介石及國共的分合興衰 1925-
1936》（臺北：新銳文創，2018）一書及多篇論文如：
〈胡漢民先生重要事蹟及其影響〉（《傳記文學》28
卷 6 期，1975 年 6 月）、〈胡漢民先生提倡女權的思
想及其成就〉（《食貨月刊》，復刊 8 卷 7 期，1978
年 10 月）、〈胡漢民與清黨運動〉（《中華民國史料
研究中心十週年論文集》，臺北：中華民國史料研究中
心，1979）、〈胡漢民與民國創建〉（《中國現代史專
題研究報告》十四輯，1992）、〈胡漢民筆下的黃克
強先生〉（胡春惠、張哲郎主編，《黃興與近代中國
學術討論會論文集》，臺北：國立政治大學歷史研究
所，1993）等。胡漢民與蔣中正性格不同，翁文灝日記
中轉述美國大使詹森（Y. F. Johnson）對胡漢民、汪精
衛、蔣介石三人的觀察和評價：「胡漢民思想堅決、
窄隘、doctrinaire，……不易與人合作；汪精衛善於變
化，無甚原則，有女人性，但善言詞；蔣介石目光動
人，但對人從不信任，各事親勞。」翁認為詹森的觀
察頗能獨到。[24] 陳紅民與先生同時研究胡漢民，並出版
《胡漢民未刊往來函電稿》等論著與史料，認為先生對
胡漢民有敏銳的觀察與宏觀的視野，「宏論灑脫，欽佩
無已」。[25] 張玉法在《多難興邦：胡漢民、汪精衛、蔣
介石及國共的分合興衰 1925-1936》一書的序中提到：
「永敬先生對胡、汪、蔣的關係，早年即曾潛心研究

---

24 翁文灝著，李學通、劉萍、翁心鈞整理，《翁文灝日記》（北京：
  中華書局，2010），1936 年 2 月 21 日，頁 20。
25 《史學的傳承－蔣永敬教授八秩榮慶論文集》，頁 348。

過。近年由於有關胡、汪、蔣的史料開放日多，特別是
蔣日記的開放和蔣中正總統檔案《事略稿本》的出版，
使研究者對胡、汪、蔣的關係，從表面的觀察進入到內
心的了解。永敬先生所依據的主要史料《事略稿本》，
係蔣介石的編年大事記，其中不僅大量引用蔣的日記，
也引用了有關蔣的其他檔案，是研究蔣介石最有系統、
最接近一手資料的珍貴史料。永敬先生退休後事少心
靜，涵泳其間，深切體會，據以重新探討胡、汪、蔣的
分合關係及其影響，每能發前人所未發；撰寫成書，以
餉讀者，尤能嘉惠學界。」[26]

其三，早期國共關係史之研究

　　國共關係史其實就幾乎等同民國史，國共關係發生
許多變化，其中和環境的發展有密不可分的關係。1924
年孫中山改組國民黨及「聯俄容共」，影響於中國政局
之變化，至為深遠。在歷史上留有諸多課題，值得研
究；同時亦有諸多爭論性之問題。由於蘇俄時期檔案資
料之開放，新的問題隨之發生。就檔案資料之運用而
言，以國民黨方面為較早。其中主要者是先生的《鮑羅
廷與武漢政權》與李雲漢的《從容共到清黨》。前者於
1963 年出版，後者於 1966 年出版。後者內容及史料，
則較前者為多。先生之所以研究此課題，與 1958-1959
年間編寫《胡漢民先生年譜》有關，撰至 1924-1927 年

26　〈推薦序《多難興邦》導讀〉，《多難興邦：胡漢民、汪精衛、
　　蔣介石及國共的分合興衰 1925-1936》，頁 4。

間，即需涉獵有關「聯俄容共」及國共鬥爭之資料。閱讀胡著述，即有豐富之記述，可與其他資料相印證者；亦有檔案資料所不及者。例如胡漢民講詞〈革命與反革命最顯著的一幕〉，述及孫中山為「聯俄容共」問題，於召集重要幹部汪精衛、廖仲愷及胡等進行商討時，彼此間曾有不同意見。汪堅決表示：以為共產黨如果羼入國民黨，國民黨的生命必定危險，譬如《西遊記》上說：孫行者跳入豬精的腹內打跟斗，使金箍棒，豬精如何受得了。廖則贊成「聯俄容共」，以為世界各國和中國革命都不能聯絡，國民黨在國際上正缺少朋友，現在俄國既誠心誠意和國民黨聯絡，便不應該拒絕。胡之意見，介於汪、廖之間，向孫建議：凡共產黨員以個人名義加入本黨的，如果真正信仰本黨的主義，共同努力於國民革命的，才可以收容。收容以後，如果隨時發現他們有旁的作用，或有旁的行動，足以危害本黨的，我們應該隨時加以淘汰。孫同意胡之意見，且認為：這一點也在乎我們自己，假使嚴密了我們的組織，嚴明了我們的紀律，昌明了我們的主義，任何分子加進來合作，我們都不怕的。胡之上項記述，雖是以後追憶，但亦符合史實。此外，在胡之其他著述中，頗多親身經歷，如〈民族國際與第三國際〉、〈革命過程中之幾件史實〉等，均為研究國、共關係之重要文獻。

　　《鮑書》及《胡譜》之後，先生又應李雲漢之邀，於《中華民國史料研究中心十週年討論會論文集》撰〈胡漢民與清黨運動〉一文（1979）。文長二萬餘言，對問題的看法更為透徹，1984 年春參加中央研究院近

代史研究所之「中華民國初期歷史」學術研討會，發表
之論文為：〈三月二十日事件之研究〉。所用資料，以
黨史會收藏者為主，就當時情況而言，須參考之資料皆
已儘可能利用之。對於張國燾提到：民國史上有兩個課
題不知其答案，一中山艦事件如何發生，一西安事變是
如何結束，而此事件之關鍵，是否為李之龍承汪精衛及
中俄共之命，對蔣中正進行謀害，在蔣之陳述中，似是
如此。而汪及共方則否認之。一般論著對此事件資料
之採信，各有不同立場。「右」者採信蔣方之資料；
「左」者採信汪、共方面之資料。先生論文兩說併陳，
雖力求嚴謹、公正，然亦不免中間偏「右」，後來楊天
石利用檔案資料，揭開〈中山艦事件之謎〉（《歷史研
究》二期，1988 年），先生乃撰〈中山艦事件原因的
考察〉一文（《歷史月刊》21 期，1989 年 10 月），可
知先生研究嚴謹，不斷補足過去研究的不足。

　　鑑於隨著時勢的變遷，國民黨的興衰，在歷史上
扮演的角色，愈顯重要，[27] 先生將《國民黨興衰史》一
書，除原有的三次大結合、聯俄與容共、軍權、黨權與
民權、分裂與整合、世代交替、回顧與展望等六章外，
另外增訂一章，探討從三個名詞的微觀角度透視辛亥革
命、鮑羅廷對國民黨的「左運」工作等問題，此種研
究、再研究正是先生治學之精神。

---

27 蔣永敬，《國民黨興衰史》（臺北：臺灣商務印書館，2009，增
　　訂版），增訂版自序，頁 I。

其四，抗戰史的研究

　　雖然中國在第二次世界大戰對抗軸心國的時間最長，損失亦最嚴重，然由於抗戰結束不久國共發生內戰，使得本來屬於民族禦侮的單純事實，演變為內政上的尖銳爭端，也影響到國際對日本侵華的了解及二次世界大戰期間中國地位的評價；西方學者芮納‧米德（Rana Mitter）提到：「大部分西方人很少聽到重慶大轟炸。即使中國人本身，事件也已淹沒數十年。」[28] 其原因甚多，有部分原因來自戰後中國內部對抗戰解釋的紛歧。先生對抗戰史的研究則是尋找專題做分析，而且一有新的史料則不斷作修正。先生接觸抗戰史料，起於 1965 年 6 月之前，應吳相湘教授主編、正中書局出版的《新時代》月刊之約稿，撰〈九一八事變中國方面的反應〉一文。此文乃因閱讀梁敬錞著《九一八事變史述》一書後，認為「不抵抗」非自張學良始，而且該書運用國內資料顯有不足，論斷亦有未盡恰當之處。國民政府之「不抵抗」政策，隨時局發展而有不同的變化，並非始終如此，而地方軍人，包括張學良等在內，不聽中央號令，亦為重要原因。其中重要證據即引述汪精衛在國民黨中央會議中之政治報告〈兩年來關於救亡圖存之工作〉，此報告為黨史會庫藏之原稿，讀之頗為精采。報告中謂 1932 年 1 月 28 日上海戰役發生時，中央在洛陽行都議定「全國防衛計畫」，劃全國為五個防衛

---

28 芮納‧米德（Rana Mitter），林添貴譯，《被遺忘的盟友》（臺北：遠見天下文化，2014），頁 29。

區，以與日軍相周旋。第一區：黃河以北，司令官張學良，徐永昌副之；第二區：黃河、長江間，司令官蔣中正，韓復榘副之；第三區：蘇南及閩浙，司令官何應欽，陳銘樞副之；第四區：廣東、廣西，司令官陳濟棠，白崇禧副之；預備區：四川，司令官劉湘，劉文輝副之。調遣方法及各區司令官之表現如何？梁氏參閱先生此文後，知臺灣有許多珍貴檔案，即透過張羣，來臺參閱大溪檔案，以當時言係特殊待遇，但也因此得以釐清「九一八事變」的一些關鍵發展。

　　之後先生除在上課編寫講義「對日八年抗戰之經過」，分抗日戰爭的起因與發生、抗戰的擴大與持續，邊講邊修正。抗戰過程複雜，為免支離破碎，重在提綱挈領，綜合與分析、史實與理論兼顧，使能成為系統。參考各家著述，寫此講義，分四章十六節。一曰抗日戰爭的起因與發生。二曰抗戰的擴大與持久。三曰與同盟國家併肩作戰。四曰中國抗戰的精神和貢獻。1984 年，中央研究院近代史研究所舉行「抗戰前十年國家建設史」研討會，發表〈從九一八事變到一二八事變中國對日政策之爭議〉。次年，舉行「抗戰建國史」研討會，發表〈日本南進與中國抗戰之危機及轉機〉。討論此「九一八事變」、「一二八事變」兩事變發生後中國對日本政策之變化及其發生之爭論。即九一八事變發生後，中國應付日本侵略之政策，初為申訴國聯與準備抵抗。此策失敗，乃繼以直接交涉。不成，乃為一面抵抗、一面交涉。對日政策，乃趨穩定。就此三策之由來、進行情形、成敗得失，加以分析。1990 年撰寫〈從

「七七」盧溝橋事變到「八七」決定全面抗戰〉，經歷
年不斷補充修正，最後定稿收入其所著《抗戰史論》
（張玉法主編《中國現代史叢書》之六，臺北：東大圖
書公司，1995）。

1995 年及 1997 年由中國近代史學會主辦在臺舉行
「紀念抗戰勝利五十週年」及「紀念七七抗戰六十週
年」學術研討會。兩岸學者聚會一堂，討論抗戰史。兩
會均由近代史學會理事長張玉法主持。先生於前會發表
〈論中共抗日統戰初期的「抗日反蔣」方針〉，文中提
到中共對蔣方針之變化，由「抗日反蔣」而「逼蔣抗
日」而「聯蔣抗日」而「擁蔣抗日」，獲得章開沅的極
高評價。後會會議中先生又發表專題演講，講題為〈從
團結禦侮到共赴國難〉，當日《聯合報》以顯著地位刊
載全文。先生從正面論抗戰之能展開，乃因國民黨由
黨內之團結，而至與各黨派之團結，特別是「國共合
作」，始能禦侮而共赴國難。先生對於抗戰史事亦認為
尚有諸多題目可供研究，在完成遺作後，因健康狀況已
不允許其再從事著述。[29]

其五，蔣中正研究方面

蔣中正為民國史研究不可或缺的人物，如果將蔣中
正的一生分為六個階段：崛起時期（清末至民初）、
北伐時期（1925-1928 年）、統一訓政時期（1928-

---

29 蔣世安，〈追憶我的父親蔣永敬〉，《傳記文學》，第 113 卷第
2 期（2018.8），頁 59-60。

1937 年）、抗戰時期（1937-1945 年）、國共內戰時
期（1945-1949 年）、臺灣時期（1949-1975 年），這
六個時期各有其事功，亦有不同的評述，然在北伐及
抗戰兩個時期特別值得肯定，一是以較少的軍力創造
了形式上的統一，結束民國以來的分與合的政局；一
是以較落後的現代化武力打敗了軍事強權的日本，樹
立了民族主義的典範。21 世紀後可以說是兩岸研究蔣
介石的高峰時期，根據楊奎松的統計，以蔣介石為題
的研究數量，1980-1989 年約 13 篇，1990-1999 年約 83
篇，2000-2009 年 162 篇，2010-2015 年 267 篇，[30] 已知
自 2010 至 2015 年在大陸以外發表以蔣介石為題的研
究文章，已超過 250 篇，[31] 連同中國大陸發表的研究論
文，其數量已超過 500 篇。如此集中且大量的研究，足
以反映對蔣中正生平思想研究的進展之快。其原因一方
面是《蔣中正總統文物》（大溪檔案）的開放、《事略
稿本》、《先總統蔣公大事年表長編初稿》等的出版與
大量史料的開放，尤其是《蔣介石日記》的公開等，另
一方面兩岸學者交流增加，許多團體推動蔣介石的研
究。先生將焦點放在抗戰時期與國共內戰時期，分別
發表《蔣中正先生與抗日戰爭》（臺北：黎明文化出
版公司，1991）、《蔣介石與國共和戰（一九四五～

---

30 楊奎松，〈關於民國人物研究的幾個問題——以蔣介石生平思想
　　研究狀況為例〉，《日記與民國史事》（臺北：政大出版社，
　　2020），頁 361。

31 據「國立中正紀念堂管理處」所辦「蔣中正研究學術專網」統計，
　　2010 至 2014 年臺港澳三地期刊發表以蔣為題的研究論文約在 190
　　篇左右，加上 2015 年的文章數及 2010 年以來兩岸出版的以蔣為
　　題的數種論文集，總篇數當超過 250 篇。

一九四九）》（與劉維開合著）（臺北：臺灣商務印書
館，2011）、《蔣介石與毛澤東的談打與決戰》（臺
北：臺灣商務印書館，2015）、《多難興邦：胡漢民、
汪精衛、蔣介石及國共的分合興衰 1925-1936》（臺北：
新銳文創，2018）等四本專書，另有〈蔣中正先生領導
對日抗戰的基本方針——抗戰到底〉（《蔣中正先生與
現代中國學術討論集》，第二冊，蔣中正先生與國民革
命，臺北：蔣中正先生與現代中國學術討論集編輯委員
會，1986）、〈蔣中正「第一次下野」的原因〉（《傳
記文學》54 卷 2 期，1989 年 2 月），〈蔣中正先生赴
俄考察記〉（《近代中國》136 期，2000 年 4 月）、
〈大陸學界重評蔣公中正（介石）歷史地位〉（《近代
中國》142 期，2001 年 4 月）等專文。

1998 年 9 月 25 日，在吉林大學圖書館，手持《百年老店國民
黨滄桑史》留影。

　　先生對於蔣中正在戰後國共合作的問題有其一貫思
考，於《蔣介石與國共和戰（一九四五～一九四九）》

（與劉維開合著）一書〈序〉中明言：「從 1945 年 8
月，中國對日抗戰勝利，到 1949 年 12 月政府遷臺，中
國國民黨和中國共產黨由談和而至戰爭，經過四年多的
時間，帶來中國巨大的變化，由國民黨統治的中華民
國，變為共產黨統治的中華人民共和國。形成這一巨大
變化的因素，固甚複雜，而國共兩大領袖——蔣介石、
毛澤東的意志和主導，實具關鍵性；其間尤以蔣氏的態
度為重要。」[32]《蔣介石、毛澤東的談打與決戰》一書
中以蔣、毛兩人為主，除《和戰》內容外，增加蔣、毛
重慶會談，將論述範圍提前至重慶會談，分為「重慶會
談，蔣毛握手」、「先安關內，再圖關外」、「美馬調
停，三大協議」、「協議無效，以戰逼和」、「邊打邊
談，談判破裂」、「只打不談，挫折頻仍」、「內外夾
攻，全面崩潰」七章。該書完成後，重新閱讀國史館出
版「蔣中正總統檔案」之《事略稿本》，鑒於書中「大
量史料，頗多精粹，殊有解讀之必要」，並認為「如與
大陸方面近年出版之此類史著及資料，互為印證，必可
增進這一階段歷史真相，助於多方面的認識」。[33] 2015
年出版增訂本，增加「蔣毛功過比較研究」一章，使全
書內容更見完整。戰後歷史發展十分複雜，除國、共雙
方外，亦涉及美、蘇兩國，形成四角關係，先生以「宏
觀」方式進行，提綱挈領，以國、共雙方所採取策略為

---

32 蔣永敬，〈序〉，蔣永敬、劉維開，《蔣介石與國共和戰（一九四五
～一九四九）》（臺北：臺灣商務印書館，2011），頁 i。
33 蔣永敬，《多難興邦：胡漢民、汪精衛、蔣介石及國共的分合興
衰 1925-1936》，〈自序〉，頁 12。

主軸，輔以美、蘇兩國對華作為，由各章標題，即可清
楚看出這段期間之情勢變化。論者稱該書對於蔣、毛
的功過分析，「超出於黨派之外，更有獨到而引人思考
之處」。[34]

　　先生治史喜歡做比較，也喜歡進行大的論述，因此
有許多專書或專文，不做主題式的探討，而作宏觀的敘
述，如《百年老店國民黨滄桑史》（臺北：傳記文學出
版社，1993）、《國民黨興衰史》（臺北：臺灣商務印
書館，2003、2016 增訂本）、《多難興邦：胡漢民、
汪精衛、蔣介石及國共的分合興衰 1925-1936》、〈中
國國民黨歷次全國代表大會之回顧〉（《近代中國》21
期，1981 年 2 月），與現代學者研究較細微問題大不
相同，先生與張玉法常感慨現在有些學者常常見樹（甚
至樹葉）不見林。

　　先生對問題能提出其意見，如對於國共內戰的因
素，在〈戰後蔣中正「先安關內再圖關外」問題之研
究〉，是對於蔣中正戰後處理國共問題一項重大決策改
變的探討。國民黨以其領導抗戰勝利的輝煌成就，為何
只有四年的時間，敗於中共，失去大陸政權？這是一個
極其複雜的問題。在蔣中正事後多次的檢討中，認為原
定的「先安關內再圖關外」的決策，由於美國派來特使
馬歇爾（George C. Marshall）調停國共衝突之後，卻使
之倒轉為「先圖關外再安關內」，遂造成不可收拾的局

---

34 楊天石，〈推薦序　追求真相，老而彌篤──讀《多難興邦》感
　言〉，《多難興邦：胡漢民、汪精衛、蔣介石及國共的分合興衰
　1925-1936》，頁 7。

勢。[35] 雖然決定戰後東北的政策甚為複雜，詭譎多變，馬歇爾的意見只是影響政策的因素之一，但如果從局勢的發展而言，先生所指出的政策變化確實是相當重要的關鍵。

對於國共合作問題的看法，先生在為楊奎松《中共與莫斯科的關係（1920~1960）》一書作序時提到：「國共由合而分，由和而戰，終至敗於中共之手，前後糾葛，將近三十年的歷史。在國民黨謀求與中共合作或和好時，通常是先從『聯俄』著手，如早期由『聯俄』而『容共』；西安事變之解決；抗戰初期之聯俄與國共合作抗日，都是著重於莫斯科對中共的影響。1945 年 8 月〈中蘇友好同盟條約〉的簽訂，雖受制於美、蘇、英三國的〈雅爾達協定〉，但國民政府亦想藉此協定以換取莫斯科對中共的約束。惟此期望，終於落空。這是因為中共羽翼已豐，毛澤東已有充分自主的力量，反而能將其不利的影響轉變為有利的形勢。使蘇聯由原來支持國府的承諾，轉而支持中共推翻國府。最後更徹底宣佈『一面倒』的政策，藉著蘇聯的後盾，趕走美國在華的勢力。」[36] 這些都是先生極為精闢的見解。

---

35 蔣永敬，《國民黨興衰史》，增訂本自序，頁Ⅲ。

36 楊奎松，《中共與莫斯科的關係（1920~1960）》（臺北：三民書局，1997），蔣永敬序，頁 6。

第七章　故鄉親、朋友義、學術情

1. 少小離家老大回──探親

　　中國大陸自 1979 年鄧小平實行改革開放以後，臺海兩岸緊張情勢逐漸緩和。1980 年代初期，留美華裔學者訪問大陸者多，唐德剛、李又寧、徐乃力、薛君度、陳福霖、陸培湧、吳天威等，均先後回大陸探親、參加學術會議、講學等，讓在臺灣的學者欣羨不已。1987 年絕對是兩岸一個重要的分水嶺，這一年 9 月 16 日，繼 7 月臺灣宣布解嚴、開放黨禁、報禁後，蔣經國在國民黨中常會上宣布，將開放大陸探親，打破臺海冷戰僵局，開啟兩岸交流之門，結束了將近四十年的隔絕。1987 年 11 月 2 日開放民眾受理，登記的人潮超乎政府想像，大約一星期之內即有三萬人登記，到年底更達十萬人以上。當時由於兩岸飛機沒有直航，大部分經由香港轉機或轉搭火車至大陸，因此綿延不斷的返鄉人流出現在桃園中正機場、香港啟德機場、紅勘火車站，數以萬計的在臺老兵一步步踏上返鄉道路。先生並沒有即時回老家探親，是先由返鄉探親的同鄉，帶來族弟永昌信函得知故鄉的情況，時蔣世安在美求學，即請其濟以美金。後又得知先生的父親蔣成謀在 1949 年即已病故，留有前妻女兒安榮由母親撫養長大。時安榮已嫁楊姓，有三男，即自香港匯款略表心意。又知有先生母親

收養之女張忠蘭、先生父親之胞妹——老姑，長先生三
歲，都還健在；由於同鄉孫鐵民經常返回安徽定遠故
鄉，因此多次託其帶款分贈蔣安榮、張忠蘭、老姑、蔣
永昌、蔣永華等，隔絕千里仍對親情有放不下的關懷。

　　1990 年 7 月 17 日先生偕夫人首次赴大陸返鄉探
親，19 日回到故鄉定遠四戶蔣村，23 日由上海飛瀋
陽，26 日飛北京，探訪夫人的親戚。30 日去西安，8
月 2 日至廣州，7 日遊桂林，10 日至香港，13 日返回
臺北。總計二十七天，完成首次探親、交遊之旅。同行
者，有孫鐵民夫婦。7 月 17 日，一行人乘飛機經香港
到上海，時值夜晚，見街道兩邊，人皆赤臂露宿，憶及
童年鄉居夏夜情景，在臺灣期間常作夜露宿寒冷之夢。
留宿上海一晚，孫鐵民夫婦經南京即往池河家鄉，先生
與夫人則宿住南京飯店。19 日雇出租計程車，前往池
河孫鐵民之子維中家會合，得見張忠蘭及蔣永昌之女，
隨即同往幼年故居四戶蔣村，行至公路旁一小村，距四
戶蔣村不遠，當時道路泥濘，出租計程車不能行，來一
拖拉機，給人民幣二十元，央請載先生等續行，行至中
途，拖拉機復不能動，見有荷農具之青年七、八人，請
其助推之。至村中，才得知此輩青年乃蔣永昌、蔣永華
之子。稍坐片刻，即前往祭拜祖墳，有一墓群，先生父
母及叔嬸皆葬於此。焚紙、叩首畢，留款囑蔣永昌、蔣
永華為立碑。復至永昌家，族人甚多，多不認識，夫人
分贈各家錢物，乃登拖拉機返池河孫鐵民處，村人送至
公路。在孫鐵民處午餐後，即由張忠蘭陪同前往仁和集
探視老姑。見其由女兒陪伴步行而來，近五十年（1942

至 1990）未見，無激動之情，吸香煙不停，饋以財物。蔣安榮住處距仁和集不遠，不久，其夫及三子一媳，計六人全家來敘，安榮甚為激動，哭泣不止，時已下午四時，先生須回南京。張忠蘭、蔣安榮同車送至岱山舖，張忠蘭一再請夫人支助安榮，為其娶媳建屋，認為按當時鄉人習俗，父母為子娶媳，要幫忙建造新屋，並購電器大小各件。其實先生過去已經贊助其整建房屋之費用，只是蔣安榮用於長子娶媳、建磚瓦屋，蔣安榮夫婦仍自居茅草屋，加上尚有兩子，因此張忠蘭才有此建議。雖然周濟親族固為義之所在，但先生認為大家的生活都不容易，也應各自努力，然夫人未捨為人父母護女之心，繼續接濟安榮各項費用。南京短暫停留期間，受南大諸好友及學生們的熱情招待，後即轉往北京。

瀋陽為夫人的故鄉，夫人家有四姊妹，夫人排行老么，大姊、二姊皆已過世，大姊女兒白銘淑、白銘潔；夫人與二姊最親，二姊女兒黃桂馨、黃桂萍（改名煥萍），兒子黃桂根、黃桂茂，童年時代，皆呼夫人為老姨；三姊于文道仍健在，兒子富憲臣、女兒富憲智，在廣西由孫子富杰照顧。[1]

7 月 23 日，先生與夫人由上海飛瀋陽，一別四十餘年，飛機在瀋陽上空時，夫人激動流淚，聞廣播，云停機坪有人迎接，迨下機，見白銘淑佇立遠迎，蓋白推斷飛機到達時間，利用關係先入機坪迎候。二人相見幾

1　1991 年夫人至廣西探望三姊，富杰夫婦送其祖母到桂林相會，停留數日，彼等始應夫人之請通知其女富憲智來會。由於三姊生活較困難，日後夫人每月接濟生活費用。

不敢識，昔離別時，尚為十餘歲之妙齡少女，今則已成
為花甲之老祖母，激動之情，實為先生及夫人大陸之行
以來，首次萌生久別重逢恍如隔世之感觸。登車同至取
行李處後，有白銘淑、白銘潔姐妹兩家，夫人之侄于世
仁一家，合約十餘人相迎。于世仁為夫人胞兄之子，世
仁已改名「文革」，乃文革運動之激進分子。于世仁、
白銘淑均各代訂飯店，爭執不下。先生曰：今夜住世仁
訂者，明住銘淑訂者。銘淑識大體，不與之爭。夫人
云：「世仁幼年極可愛，距別四十餘年，變化極大，有
家室，子女眾多。」夫人問父母何年故去，墓在何處？
于世仁則完全不知。銘淑云：吾舅（夫人胞兄）被囚，
外祖母（夫人之母）回鄉願代坐牢，共幹不允，其後返
鄉，即未見歸來。其時依規定，已故者皆深葬，無墓。
夫人見姪女于祝平，在營口任國營商店經理，呼夫人為
姑媽。夫人離瀋陽去北京之前，向黃桂根、黃桂茂問黃
桂馨家的地址，答以不知。7月26日到北京，次日參
觀盧溝橋，回飯店，得知黃桂馨來訪未遇，留有電話，
即與相約次日同與黃煥萍見面。黃桂馨與夫婿薛輝，一
在中共中央國紀會工作，一在中共中央黨紀會工作，中
上級幹部，已離休。黃煥萍與夫婿劉治國，同在電力部
工作。彼等均有子女，亦均受大專教育。重逢再敘，
過去恩情迅見恢復，與白銘淑等親情關係，又回至幼
年時代。

此次首次返鄉探親、旅遊，及參加兩岸學術會議，
先生所得之印象及感受至為複雜，蓋離故鄉（1942）已
四十八年，離瀋陽、北京（1948）四十二年，離西安

（1944）四十六年，離上海、南京（1949）四十一年。先生感受最深者，則為親情的變化與冷漠，老姑為先生最繫念之人，童年相處，印象為嫻靜淑女，今日重逢，過去印象為之破滅。再次則為族弟永昌、永華已由童年變為老年，兒孫滿屋，生活觀念，居住環境，已無傳統意味。鄉村貧窮落後仍如往昔，至於上海、南京、瀋陽、西安等城市，雖景象繁榮，並未較解放前為佳。其時大陸地區公教及工人之工資，月入人民幣百餘元，最高不過二百元，約合美金三十至五十元。教授亦多如是，而當時臺灣教師待遇，月入約為美金二千至三千元，差距甚大。

　　由於先生過去未曾至廣州、桂林等地，因此決定於探親後前往旅遊，內心充滿好奇與期望。先生對旅遊之感想，雖然大陸聲稱旅遊、餐館、商店、銀行等之服務業已有所改進，但仍不習慣，服務品質不佳，顧客之受辱者，不一而足。餐館衛生條件甚差，公共設備如廁所等尤為落後，此為外來旅遊者最大之不便。

　　1992 年夏，先生七十歲自政大退休。9 月 6 日，與夫人飛往北京，探望外甥女黃桂馨，彼因脊椎骨壓迫神經，頗消沉，幾有乏生之意念，先生與夫人往而鼓勵安慰之，約外甥女白銘淑、白淑潔、富憲智等諸姐妹相聚，暢敘親情，參觀名勝古蹟，黃桂馨情緒漸穩定，心情亦漸開朗，更進而樂觀積極。13 日，與白銘淑等遊盧溝橋，參觀抗戰紀念館，適播放中共之國歌：〈義勇軍進行曲〉，此正先生在抗戰時期就讀安徽第十一臨中時，早晚集合點名，必唱之曲。今再聞之，勾起先生當

年回憶，乃隨口附之。

　　1997 年 3 月 30 日，先生偕夫人二度返鄉，預計由
臺北經香港到南京。值春假期間，南京機位已滿，不得
不先至上海再轉南京，目的在配合孫鐵民停留家鄉的時
間，回鄉掃墓。上次返鄉係在 1990 年 7 月，因天候不
佳，道路泥濘，停留時間短暫，印象模糊。童年景象，
一無所得。此次決定再回探視，望能重拾童年記憶。待
抵先生在南京自購的金寶花園住定後，即與孫鐵民通電
話，定於 4 月 2 日在池河會面，請其通知需要會面之
人。並向金陵飯店租一轎車，往返人民幣五百元。晨六
時，車由金寶花園出發，三小時不到，即達池河，至孫
鐵民次子維元家，蔣安榮、張忠蘭等已等候多時，遂同
車去四戶蔣，十分鐘即達。公路至四戶蔣村間已舖石子
路，故可直達村中，經父母之墓，即下車祭拜。墓上覆
有新土，為安榮所加，心中稍慰。同來掃墓者有永華、
永昌妻（永昌於 1995 年去世）、蔣成發（叔父）及姨
丈陶君夫婦。祭祖後贈永昌妻、永華、成發各五百元，
陶君二百元，夫人另贈各家食品。五百元雖非大數，在
當時可購穀近千斤。先生至戶外極目四望，仍無法拾得
童年的景象。先生對其餘親族各有餽贈，長輩、同輩各
五百元，晚輩二百元，然以家族繁簇，為數可觀，時過
境遷，景物依舊，人事已非，特別是家族的情懷已不復
當年，頗有「錢財散去情未了，再來恍似過路人」的感
慨，雖此仍能略享天倫之樂。1997 年 3 月底至 5 月 21
日，先生居住南京金寶花園五十餘日，時值暮春，江南
草長，殊值留戀，先生即約白銘淑及其夫君陳永泉來南

京相聚。4 月 24 日，與銘淑、范烈孫及先生夫婦共六人，同遊杭州兩日，27 日遊蘇州。其後又於 2011 年 10 月 24 日，返安徽定遠縣探望親屬。期間，先生在定遠縣台辦負責人的陪同下，參觀了定遠城東新區、工業園區、花園湖和定遠漢畫像石博物館等地區。由於先生研究成果獲肯定，《定遠縣誌》（1996），以先生早年的名字蔣永隆列為社會名流。

2. 學界好友

（1）黨史會學術好友

先生廣結善緣，學界有許多超過一世紀的好友，黨史會時期的李雲漢、胡春惠等已在前面敘述，謹再補充其中二位：

劉紹唐：名宗向，1921 年生於錦州，名列黨史會三老纂——先生、李雲漢、劉紹唐，他到臺灣初期，受他的老師崔書琴的指導、庇護，1962 年獨力辦《傳記文學》（其夫人王愛生之支持、協助甚多），強調「給史家做材料，給文學開生路」，對保留近現代史料之貢獻，亦必留名青史。史學家沈雲龍諧稱劉為「野史館館長」，其重要性不亞於國史或官史。歷史學家唐德剛對比大陸民國史的研究，盛贊劉紹唐「一人敵一國」，晚輩都尊稱唐為「師父」。當時為《傳記文學》的撰稿者包括諸多馳名之學者如胡適、羅家倫、吳大猷、沈雲龍、毛子水、吳相湘、唐德剛、夏志清、方豪、陳紀瀅等，且有許多黨、軍、政、學以及社會各界名人在此發表回憶錄，其生動活潑而不受傳統之限制，皆國史或官

史所難能及。

劉紹唐豪爽好客，交遊廣眾，猶今之孟嘗君。先生初識劉紹唐之名，約在 1951 年初，讀其《赤色中國的叛徒》一書，此書馳名中外，被譯成多國文字，流傳至廣。劉創辦《傳記文學》之初，約稿至難，眾人咸認為此一雜誌必難持久，蓋此乃一般雜誌之共同現象與命運。然《傳記文學》則屬例外，主要原因在於雜誌的內容多元而且有故事性，刊載的文章對民國人物的過往多所探討，廣受讀者歡迎，此實賴主持者劉紹唐獨特的眼光。先生與劉兩人真正睹面相識，約在 1963-1964 年間，之後由於兩人同時在黨史會服務，交情甚篤，劉且聘先生為該社顧問。先生的文章自 1968 年 1 月第 12 卷第 1 期起，文為〈羅易與武漢政權的反帝國主義運動〉，至 1993 年 6 月第 63 卷第 3 期，計八十篇，其中有人物小傳二十六篇。劉紹唐幫忙先生出版專書，如《鮑書》、《胡志明在中國》、《百年老店國民黨滄桑史》等，並不完全著重商業利益。劉常邀宴各界名流，亦常請先生作陪。1999 年 7 月 10 日先生在香港出席和統會會議時，卜少夫告知劉紹唐心肌梗塞，送至醫院（榮總）已昏厥兩小時，幸經電擊甦醒，動手術得救。先生返臺北即電慰問劉夫人，8 月間親往探視，坐談半小時，見其精神不佳。劉除了心臟問題外，另一致命之疾乃為肝癌，然從未向友人透露，早期僅云患攝護腺、白內障等疾，2000 年 2 月 10 日過世。

呂芳上：1944 年生，專長領域為中國近現代史、近代婦女史、國民革命史、中國國民黨黨史，先生認為

其為一謙虛而嚴謹的學者，與先生的關係亦師亦友。
1967 年畢業於東海大學歷史學系，先生推薦其至黨史
會工作，跟隨「蔣李二公」，協助中華民國史料研究中
心舉辦民國史學術討論會，推動民國史研究風氣，同時
利用史庫資料，先後完成碩、博士論文，深受史學界之
推崇。取得臺灣師大歷史學博士學位之後，於 1985 年
至中央研究院近史所服務。某次學術研討會，先生與呂
芳上同一場合發表論文，先生提到：「芳上，士朋之學
生，為史學界後起之秀，著作嚴謹，引用資料，必翔必
實。士朋之論文，乃急就章。兩相比較，誠『青甚於
藍』」。呂芳上研究論著甚多如《朱執信與中國革命》
（臺北：中國學術著作獎助委員會，1978）、《革命
之再起——中國國民黨改組前對新思潮的回應，1914-
1924》（臺北：中央研究院近代史研究所，1989）、
《從學生運動到運動學生，民國八年至十八年》（臺
北：中央研究院近代史研究所，1994）等專書；研究領
域寬廣，從軍政觸及到底層社會，皆為其關懷之課題，
頗具學術聲望。2011 年 1 月出任國史館館長，任內推
動編輯《蔣中正先生年譜長編》、《中國抗日戰爭史新
編》、《陳誠先生日記》、《胡宗南先生日記》等重要
史料，並且舉辦抗戰七十年大型國際學術研討會。現為
民國歷史文化學社社長，有鑑於民國史史料的重要，出
版許多日記、史料彙編及論著，除研究之外，繼續為學
界服務。

（2）南港學術之友

在先生友人中，有一群南港學術之友極為重要。中央研究院近代史研究所設於臺北南港，研究風氣，一向較為自由，有「南港學派」之稱，正如王爾敏所言：「近代史所自 1955 年創所，在郭廷以夫子領導訓迪之下，造就第一代第二代專業學者，鄙人忝列門牆，是末學後進。與同僚努力策進，形成近代史研究堅強陣容。」[2] 近史所經常舉行學術研討會，先生時常參加，感受到不同的研究與討論氛圍，有時常為學術真理，彼此批評，少有虛偽客套。先生認為不僅治學應如是，做人亦應如是。此群學者與先生交往較多者有張玉法、張朋園、呂實強、劉鳳翰、陳三井、李恩涵、王爾敏、蘇雲峰、張存武、陳存恭、王樹槐、陶英惠等。年輕學者則有呂芳上、陳永發、張力等。李國祁專職在師大，乃為近史所兼任研究員，管東貴屬史語所，然均屬「南港學派」。張玉法、呂實強、陶英惠、管東貴等亦為先生雀戰之友，先生在《九五獨白》中特別提到其戰友的精神：「玉法牌品最佳，只求胡大牌，不計勝負；其他諸友牌品亦無不良之處，惟各有特性耳。……英惠牌不順時，即無耐性，頻頻出聲，責怨自身牌技不佳，牌順則又興趣濃厚。維持之法，多予鼓勵而使之順。東貴技術甚佳，負少，惟出牌時，常謂『出錯』，其實『並未出錯』。」先生之牌技亦佳，但亦自謂：「不能保證必

2　王爾敏，〈史官職司淺談〉，《國史研究通訊》，第 1 期（2011.12），頁 101。

勝，常敗於實強、東貴或鄧元忠、王震邦之手。惟戰敗
不餒，戰勝不驕，適可而止，切勿對負者窮追不捨。近
年實強健康欠佳，余則年齡漸增，少有雀戰矣。」³

　　張玉法：山東嶧縣人，1935 年生，小先生一輪，
頭髮稀而白，似「古稀」，先生呼之為「法（髮）老」。
山東流亡學生，1949 年夏天抵臺灣澎湖，緊接著到員
林。1955 年懷著力求通曉古今中外的憧憬，以第一志
願考進臺灣師範大學史地系，授業於郭廷以門下。郭廷
以開設「中國近代史」課程，作風嚴厲，外現威嚴，張
玉法深受薰陶影響其治學態度。1959 年以第一名畢業
於國立臺灣師範大學史地系，雖曾到中學教書，但不忘
情於研究，乃入政大新聞所就讀，並以新聞史為研究主
題，1964 年畢業於國立政治大學新聞研究所，大膽向
郭廷以所長自薦表明研究志趣，得到郭廷以的首肯進入
中研院近史所服務，近史所的殿堂成為張玉法先生此後
安身立命之地。後來得到福特基金會的贊助出國赴哥
倫比亞大學進修，師從韋慕庭與唐德剛，使他的治史
視野愈加寬閣。⁴ 1970 年畢業於美國哥倫比亞大學歷史
研究所。1975 年任中央研究院近代史研究所研究員，
其後兼近代史研究所所長，1992 年當選中央研究院院
士。著有《清季的立憲團體》、《清季的革命團體》、
《民國初年的政黨》、《中國現代化的區域研究——山
東省》、《近代中國工業發展史》、《歷史學的新領

3　蔣永敬，《九五獨白：一位民國史學者的自述》，頁 157-158。
4　潘光哲，《學術大師的漏網鏡頭》（新北：臺灣商務印書館，
　　2021），頁 284-286。

域》、《中國現代史》、《中華民國史稿》、《中華通
史》等專書二十餘本，另發表中國近代史方面的論文近
百篇。呂實強研究教案、士紳及川史，極有成就，自負
而有才氣，但常謂先生曰：國祁、玉法乃大才，先生深
然之。其史才表現在辛亥革命史之研究，《清季革命團
體》（1975）一書，先生讚為大氣磅礡。其與大陸學者
論辯革命性質，更讓先生佩服其勇氣可嘉。張玉法曾到
荔園參閱檔案，深感先生及李雲漢很嚴肅不敢多談。
後來先生邀請張玉法到政大兼課，開授「中國現代史
料分析」，張玉法自謂「自此即有機會與蔣公常相左
右」。[5] 先生並教其雀戰，兩人開始深交，互動頻繁，
張玉法先生對筆者的照顧可能也是基於愛屋及烏之情。
張研究課題與先生相近，常與先生參加學術研討會，如
1990 年 8 月 3 日至 6 日在廣州的「孫中山思想學術討
論會」、1993 年 4 月 6 日的「台兒莊戰役紀念」學術
討論會等。兩人志趣相合，兩家情誼甚篤，常結伴同遊
大陸各地，張頗覺得先生治學之勤、閱讀之廣、識人之
深，兩人於先生晚年常以詩唱和，張玉法云：

　　莫笑年紀高，治史有門道。
　　學海人茫茫，知音卻不少。

　　先生和之：

　　我年比你高，而你出道早。

5　張玉法，〈常相左右，永敬蔣公〉，頁 38-39。

向你學習多，受益真不少。[6]

　　李國祁：1926 年出生於皖北，祖籍安徽省明光縣。1937 年七七事變，隨家人避難漢口。1949 年 9 月隨軍隊來到臺灣。年少時眉目清秀，舉止彬彬，言談服眾。1950 年考進臺灣師範學院史地系，與王爾敏先生同班，教學至嚴，學生多畏之。1955 年 2 月到中研院近史所工作，同時入所服務者有王聿均、賀凌虛、呂實強共 4 人。1961 年赴德攻讀博士學位，回國後先回近史所服務，1970 年到臺灣師範大學歷史所任教。李國祁為東華書局編寫《中國通史》，史學之研究範圍至廣，通而專，尤專近代史、外交史，兼及民國史，對區域史及臺灣史均有成就，著有：《中德對三國干涉還遼及德租膠州灣態度之研究》、《中國早期的鐵路經營》、《張之洞的外交政策》、《中國現代化的區域研究──閩浙臺地區》、《李鴻章的家世與人際關係》、《中山先生與德國》。對其所指導之研究生論文口試，無論其為碩士或博士，皆訓之不留餘地。黃克武回憶：「李老師上課說話聲如洪鐘，字句清晰，不疾不徐。他的課從明末清初中西接觸開始，上到晚清辛亥革命之前。他上課的內容既有歷史細節，又有鞭辟入裡的剖析，並常常將他自己所專長的外交談判、人物研究、清代官僚制度等融入課堂之中。李老師不但上課認真，對學生要求也

6　蔣永敬，《九五獨白：一位民國史學者的自述》，頁 409。

十分嚴格。」[7] 先生常受邀為學位論文口試委員，常為
學生解圍。在學術研討會中評論友人論文時，李亦常不
顧情誼直言不諱，先生常居中折衝。

　　張朋園：1926 年生於貴州貴陽人，係抗戰時知識
青年從軍並輾轉來臺，考入臺灣師範學院史地系，1950
年與先生同一年通過國家高等考試衛生行政類，1956
年大學畢業後，隔年考入臺灣師大「國文研究所」。研
究所畢業後，在歷史博物館服務兩年，但張卻想回頭再
從事歷史的研究工作。1961 年起任職於中央研究院近
代史研究所至 1997 年以研究員退休。堪稱史學界之才
俊，著有《梁啟超與清季革命》、《立憲派與辛亥革
命》、《梁啟超與民國政治》、《中國現代化的區域研
究：湖南省》、《郭廷以、費正清、韋慕庭：臺灣與美
國學術交流個案初探》、《知識分子與近代中國的現代
化》、《中國民主政治的困境，1909-1949：晚清以來
歷屆議會選舉述論》等。其研究梁啟超與立憲派，無出
其右者。對學術極為堅持，有時對評論者之評論甚至怒
目相向，但與先生感情甚篤，以近史所為家，退休後幾
乎仍天天到近史所進行研究工作。

　　呂實強：山東煙臺市人，1953 年臺灣師範大學史
地系畢業，1955 年進中研院近史所服務，著有《中國
官紳反教的原因》（臺北：中央研究院近代史研究所，
1966）、《中國早期的輪船經營》（臺北：中央研究院近

7　黃克武，〈懷念恩師李國祁教授〉，《國史研究通訊》，第 12 期
　　（2017.6），頁 55。

代史研究所，1976）、《如歌的行板：回顧平生八十年》
（臺北：中央研究院近代史研究所，2007）等。黃英哲
提到：「呂老師一生可謂是特立獨行，師院畢業後，除
了短暫在中學任教外，一生都在中研院度過，致力學術
研究。在學術界裡，呂老師是一位獨行俠，雖然也指導
研究生，卻不立門戶，不開山立派，……呂老師用人極
為重視品德，他會透過各種管道設法打聽應徵者的風
評，他一向認為學問與道德是不可分的，若二者須擇其
一，他也寧願選擇品格道德。此外，他雖是國民黨員，
但不介意應徵者的省籍族群、黨派、出身學校，只要應
徵者品行端正。」[8] 先生與呂實強亦是「雀友」，呂實
強雀戰時，不斷飲茶，小便次數亦多，先生謔之曰「一
圈有兩便之行為」，且手不隨和，理牌動作特慢，形同
張牙舞爪，使牌落地，費時尋之，頗使其他三人掃興而
常負，惟借呂實強寓所雀戰時，可使之負，因彼甚寵驕
其貓，先生見而斥之，呂實強憐惜之，影響牌興，以致
常負。生活細節之外，研究認真，先生對其治學嚴謹亦
相當欽佩。

（3）大陸學術好友

先生除了黨史會、政大之外，大陸地區往來最為頻
繁的是南京大學、華中師範大學、浙江大學等名校，特
別是南京成為先生的第三故鄉（安徽、臺灣、南京）。

---

8 黃英哲，〈懷念呂實強老師〉，《國史研究通訊》，第 1 期（2011.
   12），頁 147。

先生與南大師生結緣甚深，其中與張憲文有密不可分的
關係。

　張憲文：1934 年 10 月生，山東泰安人。歷史學
家，南京大學歷史學系教授、博士研究生導師，南京大
學人文社會科學榮譽資深教授，侵華日軍南京大屠殺史
研究會會長、南京大學中華民國史研究中心主任，歷史
研究所所長。主要研究方向為中華民國史。張所主編的
《南京大屠殺史料集》，是日本軍國主義戰爭罪行的鐵
證，受到社會各界的一致好評，成為當今中華民國史研
究學界最具標誌性的成果。著有《中華民國史》、《抗
日戰爭正面戰場》、《蔣介石傳》、《中國抗日戰爭
史》等十餘本著作，熱誠推動兩岸合作寫史，在張憲
文與張玉法兩位的影響與帶領下於 2015 年出版《中華
民國專題史》（十八卷）（南京：南京大學出版社，
2015）為兩岸四地共七十位專家學者首次合作。其後又
大力推動兩岸合寫抗日戰爭史，預計出版一百本，臺灣
方面亦有十餘本，目前已完稿，審定出版中，可知張憲
文在民國史研究領域的影響。先生每次到南京都應邀至
中華民國史研究中心進行專題演講，雙方公私情誼甚
篤。1996 年 10 月 17 日先生提到：「晚由朱寶琴、申
曉雲到市場購大閘蟹多斤，由陳謙平、陳紅民煮之，茅
家琦、張憲文聚余寓，嘗蟹品酒，其樂無窮。」[9] 1999
年 5 月 28 日張還陪先生同遊宜興二天。

　茅家琦：1927 年生於江蘇鎮江，1951 年畢業於南

9　蔣永敬，《九五獨白：一位民國史學者的自述》，頁 181。

京大學經濟系，畢業後留校服務，獲南京大學終身成就獎、南京大學人文社會科學榮譽資深教授。專攻中國近代史、太平天國史、臺灣當代史等領域，著有《蔣經國的一生和他的思想演變》（臺北：臺灣商務印書館，2003）、《思想文化與社會發展》（南京：南京大學出版社，2010）、《中國國民黨史》（南京：江蘇人民出版社，2018）、《孫中山評傳》（南京：南京大學出版社，2011）等論著，由於與先生研究領域相近，研究態度亦相近，一貫重視史學理論，主張攻讀經典著作，掌握和運用科學的理論和方法研究歷史。先生肯定茅家琦為傑出資深的史學家，一方面將《蔣經國的一生與他的思想演變》一書推薦給臺灣商務印書館出版，並為之作序，序中提到：「這本著作所表現的特色至少有三方面，就是準確度、深度和廣度。就準確度言，這本著作對於過去一般傳記中若干爭議性或模糊不清的問題，做了準確的研判或澄清。……就深度而言，這本著作對於蔣經國研究的範圍，包括兩方面，一是他的生平活動，一是他的思想形成及演變。……就廣度言，以著者分析蔣經國『推動民主憲政改革的內外因素』為例，把這個多層面的問題，做了系統的處裡。」[10] 先生至南大時必造訪茅家琦。

　　楊天石：1936 年 2 月 15 日生於江蘇東台，1960 年畢業於北京大學中文系。曾任日本京都大學客座教授，

---

10 茅家琦，《蔣經國的一生與他的思想演變》（臺北：臺灣商務印書館，2003），序，頁 2-4。

美國哥倫比亞大學、哈佛大學、史丹福大學等著名大學
訪問學者。現為中國社會科學院榮譽學部委員、研究
生院教授，著有《找尋真實的蔣介石——蔣介石日記解
讀》、《楊天石近代史文存》（五卷本）：《楊天石文
集》、《蔣氏祕檔與蔣介石真相》、《海外訪史錄》、
《辛亥前後史事發微》、《尋求歷史的謎底》。楊天石
對蔣介石日記的搜尋始於 1983 年，在胡佛研究所的日
記開放以前，他奔走於南京、臺北等地，查閱蔣介石日
記的類抄本與仿抄本。他曾說過：「讀蔣介石的日記，
其中記錄了他許多真情實感。」蔣介石篤奉陽明哲學，
強調自省的工夫，每天靜坐反省後遂在日記上記錄下
來，並持之以恆地書寫了五十七年。因此，蔣介石日記
成為最能反映蔣介石內心真實想法的第一手材料。楊天
石與先生的關係至為密切，楊認為兩人是學術界的好
友，堪稱同道、知音，[11] 先生晚年重聽，大部分只能筆
談，唯可以直接與楊教授溝通，雖然他們互稱「心靈相
通」，但學生們戲稱「兩位老人家頻道相同」。晚年兩
人常以電子信函互談心得。2012 年 9 月楊天石遊金門
民防坑道後提到：

> 世上常多蝸角爭，相仇相殺禍民生。
> 人間倘使皆親愛，何須建此地下城。

---

11 楊天石，〈蔣永敬教授和我的學術切磋與詩歌唱和〉，《傳記文
　　學》，第 113 卷第 3 期，頁 47。

先生和之：

> 人之本性好鬥爭，相砍相滅殃民生。
> 古今中外稱霸者，殺人盈野再屠城。[12]

　　章開沅：1926 年 7 月 8 日 - 2021 年 5 月 28 日，祖籍浙江吳興，生於安徽，與先生同鄉，較先生小四歲。1951 進入華中大學任教（後改為華中高等師範學院，再改為華中師範學院，1985 年改為華中師範大學），歷任副教授、教授、院長到校長，著有：《離異與回歸——傳統文化與近代化關係試析》（長沙：湖南人民出版社，1989；韓國嶺南大學 2008，韓文版；北京：中國人民大學出版社，2010）、《辛亥革命史》（北京：東方出版中心，2010）、《辛亥革命辭典》（武漢：武漢出版社，2011）等十餘本，是中國辛亥革命史研究會、華中師範大學歷史研究所（現改名為華中師範大學中國近代史研究所）和中國教會大學史研究中心的創辦人和領導人，享譽國際。由於與先生同時研究辛亥革命，先生多次受邀往華中師範大學參加學術研討會，章開沅均熱誠款待，如 1994 年 8 月 26 日先生提到：「晚，章開沅教授夫婦來飯店邀晚餐，開沅外冷而內熱，為華中史學界之『龍頭』，其指導之學生，頗有成名者。次日，為余等安排訪問師大並座談。」[13] 兩人往來密切，只是在辛亥革命性質上與張玉法及先生的意見

---

12 蔣永敬，《九五獨白：一位民國史學者的自述》，頁 406-407。

13 蔣永敬，《九五獨白：一位民國史學者的自述》，頁 176。

不一，章先生曾受邀赴政大歷史所客座。

　　金沖及：1930 年生於上海，1947 年考入復旦大學
歷史系，1948 年加入中國共產黨，是新中國培養的第
一批中國近代史學者，著名的辛亥革命史、民國史和中
共黨史研究專家，他先後擔任復旦大學團委書記、教務
部副主任、教學科學部副主任，文物出版社總編輯，中
共中央文獻研究室常務副主任、研究員，國家哲學社會
科學規劃領導小組成員，第七、八、九屆全國政協委
員，中國史學會會長，馬克思主義理論研究會委員，北
京大學、復旦大學、中國社會科學院兼職教授、博士生
導師，俄羅斯科學院外籍院士，日本京都大學客座教
授。先後主編《毛澤東傳》、《周恩來傳》、《劉少奇
傳》、《朱德傳》、《陳雲傳》等；和胡繩武教授合著
四卷本的《辛亥革命史稿》（獲第一屆郭沫若歷史學
獎）、《從辛亥革命到五四運動》、《論清末立憲運
動》等著作。在七十五歲高齡的時候，依然身挑重擔，
編撰一二〇萬字的巨著《二十世紀中國史綱》，獲第二
屆中國出版政府獎。八十歲以後，又出版五種著作，其
中的《生死關頭：中國共產黨的道路抉擇》，獲 2016
年中國好書獎。一家四代均研究民國史，先生與三代熟
識，兩人時常一起開會，1990 年 8 月到廣州開會，為
兩人第一次晤面，先生言：「一見如故」，又如 1991
年 8 月在夏威夷舉辦的《辛亥革命八十周年紀念國際學
術研討會》、1991 年 9 月在瀋陽舉辦的《九一八事變
六十周年紀念學術研討會》、2000 年 11 月在廣州參加
「近代中國研究中心十周年」慶祝大會等，由於與先

生均滿頭白髮，加以同等的學術輩分，照相時常毗鄰而坐。

　　張海鵬：1939 年 5 月生於湖北漢川縣，1964 年畢業於武漢大學，隨即進入中國社會科學院近代史研究所服務，1990 年升任研究員，歷任中國社科院近史所所長、臺灣史研究中心主任、中國史學會會長、第十屆全國人大代表、中國社會科學院文史哲學部副主任，現任中國社會科學院學部委員。著有：《追求集：中國近代歷史進程的探索》、《簡明中國近代史圖集》等，合著有《中國軍事史略》、《二十世紀中國人文學科學術研究史叢書‧中國近代史研究》等，並特別關注臺灣史，編有許多史料集，對於拓展臺灣的研究頗多助益。曾多次到臺灣參加會議，並至政大歷史所客座，加以為人熱誠，與臺灣學者關係甚密，亦常與先生一起參加會議，如 1991 年 8 月在夏威夷舉辦的《辛亥革命八十周年紀念國際學術研討會》、1991 年 9 月在瀋陽舉辦的《九一八事變六十周年紀念學術研討會》、1997 年 10 月在東京舉辦的《中日關係第四屆國際學術研討會》等。其餘大陸諸多好友，無法詳細介紹，容於學術交流中簡述之。

3. 學術交流

　　2016 年 4 月 14 至 15 日在臺北舉辦的「互動與新局：三十年來兩岸近代史學交流的回顧與展望討論會」，章開沅撰〈春江水暖鴨先知，似曾相識燕歸來──兩岸民國史研究追憶〉，文中將兩岸學術交流區分為：神交

階段（1979年以前）、初交階段（1979-1993）、深交
階段（1993年8月迄今），並指出學術交流的三種趨
勢：（一）從個人零星的私下交流，發展成為建制的單
位之間（如校際等）的正式交流，有成文的協議與制度
作為保障。（二）由民國史的單項交流，擴大到整個歷
史學科乃至跨學科的綜合交流。（三）交流參與者已經
逐步實現世代交替，中生代與新生代迅速崛起。[14] 中央
研究院院士張玉法亦以〈身歷其境：兩岸學術交流中的
順境與困境〉為題進行演講，指出在學術交流的過程
中，深深感受到學者相聚之樂，但也感受到有形或無形
的政治壓力，例如：查扣書籍、大陸會議主辦單位將臺
灣學者所屬單位修改、臺灣人士對大陸學者發放三民主
義統一中國傳單等，不勝枚舉。三十多年來兩岸學術界
的交流非常順暢，當年開啟兩岸交流雖是雙方的政治領
袖蔣經國、鄧小平的共識，但也直言交流的困境亦來自
於政治限制，政治營造交流的環境，若兩岸政治繼續封
閉、對抗，兩岸不可能有學術交流。[15] 此二文說明兩岸
學術交流的發展及其問題，許多學者包括先生在內見證
了這段學術交流的歷史。

　　臺灣自解嚴之後在中央研究院近史所、黨史會、國
史館、中國歷史學會等單位的領導下，舉辦多次的學術

---

14 章開沅，〈春江水暖鴨先知，似曾相識燕歸來──兩岸民國史研究
　追憶〉，《春江水暖：三十年來兩岸近代史學交流的回顧與展望
　（1980s-2010s）》（臺北：世界大同文創，2017），頁17-25。
15 張玉法，〈身歷其境：兩岸學術交流中的順境與困境〉，《春江
　水暖：三十年來兩岸近代史學交流的回顧與展望（1980s-2010s）》，
　頁8。

研討會，如中華民國初期歷史研討會（臺北：1983 年 8 月 20-22 日，先生發表〈三月二十日事件之研究〉）、北伐統一六十周年學術討論會（1988 年，先生題目為〈論北伐時期的一個口號：「三大政策」〉）、中央研究院第二屆國際漢學會議——明清與近代史組》（1989 年 6 月 23-25 日，先生題為〈同盟會民報中的革命起義之理論與方法〉）、中華民國建國八十年學術討論會（1991 年，先生題目為：〈胡適與抗戰〉）、紀念辛亥革命八十年國際學術研討會（1991 年 8 月 1-3 日，先生題為〈關於孫中山「三大政策」問題——兩岸學者解釋的比較〉）、中華民國專題史討論會（第一屆於 1992 年舉辦，先生題目為：〈國民政府實施訓政的背景及挫折〉，總共五屆）、黃興與近代中國國際學術研討會（1993 年）等，然在此之前由於兩岸未開放，因此臺灣未能舉辦兩岸的學術研討會，直至 1994 年 7 月在臺北的「中國歷史上的分與合學術研討會」，是第一次在臺灣舉行的兩岸史學學術研討會，之後臺灣又陸續舉辦「抗戰勝利七十周年」等國際學術研討會，大陸學者與會者甚多，有助於兩岸學術交流。大陸方面各地方也在推動民國史的研究，先是邀請海外的中國學者，其後也邀請臺灣學者與會，先生盛名在外，頻繁參加學術研討會，並發表論文或作專題演講，其論述犀利引發甚多迴響，茲將先生參與兩岸相關的學術研討會列表如下，再進行分析。

1981 年 10 月在橫濱參加「三民主義與中國———辛亥革命七十週年紀念學術研討會」後參訪東京增上寺德川氏家祠。左起陳三井、李守孔、蔣永敬、陳鵬仁、李國祁、王曾才、朱堅章、李雲漢。

蔣永敬教授參與兩岸或國際之學術研討會一覽表

時間	地點	研討會名稱	發表題目
1990 年 8 月 3-6 日	廣州	孫中山與亞洲國際學術討論會	潘佩珠與孫中山
1991 年 8 月 30 日	夏威夷	辛亥革命八十週年紀念國際學術討論會	孫中山的三大政策問題兩岸學者解釋的比較
1991 年 9 月 10-11 日	瀋陽	九一八事變六十週年紀念學術討論	顧維鈞與九一八事變之交涉
1993 年 4 月 8 日	台兒莊	台兒莊戰役紀念學術討論會	從《徐永昌日記》看台兒莊戰役
1993 年 10 月 11 日	合肥	安徽近代人物學術討論會	范鴻仙與辛亥革命
1994 年 7 月 13-15 日	臺北	中國歷史上的分與合學術研討會	民國以來政權統合的方式與主張
1995 年 1 月 17 日	香港	亞洲與近代中國學術討論會	孫中山統一中國的主張
1995 年 2 月 25 日	香港	屯門紅樓革命史蹟研討會	屯門農場與辛亥革命運動

時間	地點	研討會名稱	發表題目
1995 年 7 月 24 日	香港	陳立夫回憶錄學術研討會	開幕致詞，會後主編《陳立夫回憶錄學術研討會論文集》，臺北：國史館，1997
1995 年 8 月 2-4 日	臺北	抗戰建國史學術討論會	日本南進與中國抗戰之危機即轉機
1997 年 10 月 20 日	合肥	陳獨秀思想討論會	開幕致詞
1997 年 11 月 14 日	東京	中日關係第四屆國際學術討論會	開幕致詞
1998 年 9 月 16 日	北京	和統會會議之一：如何穩定發展兩岸關係	從國共二次分合歷史看兩岸關係
1998 年 9 月 28 日	北京	汪精衛及汪偽政權座談會	汪精衛的恐共與投日
1998 年 9 月 23-25 日	長春	第五屆近百年中日關係史國際學術研討會	致詞與評論
1998 年 10 月 14 日	南京	孫中山先生學術討論會	開幕致詞
2000 年 3 月 3-5 日	舊金山	第六屆中日關係學術研討會	開幕致詞
2000 年 11 月 20-23 日	廣州	孫中山與二十世紀中國社會變遷學術討論會	從百年老店的興衰看國民黨的改造自救
2001 年 7 月 16-17 日	上海	全球華僑華人推動中國和平紀念討論會	解決「一中問題」之我見
2001 年 9 月 18-19 日	瀋陽	九一八事變七十周年紀念討論會	從團結禦侮到共赴國難
2001 年 10 月 17-18 日	臺北	辛亥革命九十周年學術討論會	辛亥革命究竟是什麼革命
2001 年 11 月 12-13 日	廣州	辛亥革命、孫中山與二十一世紀中國學術討論會	從三個名詞的微觀角度透視辛亥革命
2004 年 7 月 15 日	廣州	孫中山與世界國際學術研討會	鮑羅廷對國民黨的「左運」工作
2004 年 10 月 8 日	武昌	孫中山與中國現代化學術研討會	關於孫中山革命運動兩大爭論問題評議
2005 年 7 月 29-31 日	上海	紀念中國同盟會成立一百周年國際學術研討會	孫中山革命希望新紀元－中國同盟會的成立
2005 年 8 月 21-22 日	南京	紀念中國同盟會成立一百周年暨孫中山逝世八十周年學術研討會	關於孫中山革命運動兩大爭論問題平議－資產階級革命與三大政策問題
2005 年 10 月 29-30 日	臺北	抗戰勝利及臺灣光復六十周年學術討論會	主持及評論

時間	地點	研討會名稱	發表題目
2006 年 7 月 28-29 日	奉化	蔣介石國際學術研討會	蔣介石研究在兩岸（專題演講）
2006 年 8 月 28 日	上海	紀念孫中山誕辰一四〇週年國際學術研討會	孫中山晚年北上致力和平統一的途徑（專題演講）
2006 年 11 月 4 日	廣州	孫中山與中國未來高峰論壇	國共合作的回顧與展望（專題演講）
2006 年 11 月 6 日	廣州	孫中山與振興中華	孫中山晚年北上致力和平統一的途徑
2007 年 7 月 14-15 日	上海	清末新政與辛亥革命國際學術研討會	督撫革命與督撫式革命
2010 年 4 月 10-12 日	浙江	蔣介石與近代中國國際學術研討會	蔣介石抗戰到底之「底」的問題再研究

註： 本表係綜合自蔣永敬，《九五獨白：一位民國史學者的自述》
著述。

上表只是較重要者，從上得知先生積極參與兩岸交
流，其特色可歸納如下：

（1）開會兼旅遊居多

先生赴大陸開會地點甚多，幾乎遍及全國各地，但
比較集中於民國史關鍵事件的地區，如南京、武漢、瀋
陽、上海、台兒莊、西安等地，赴海外以香港、夏威
夷、日本為主。90 年代之前臺灣學術討論會較多，之
後由於大陸興起民國史研究熱潮，舉辦學術研討會者甚
多，先生由於學術研究獲肯定，時常被邀請參加，早期
臺灣學者同時參加會議者，以與先生同輩者較多，如張
玉法、陳三井、李國祁、胡春惠、張朋園、陳鵬仁等；
其後學生輩如呂芳上、張力、謝國興、張瑞德、劉維
開、邵銘煌、許育銘、陳進金、楊維真、潘光哲、黃自
進、王正華及筆者等共同與會。先生參加學術研討會大
部分都有發表大作，晚期則被邀進行專題演講。根據先

生的觀察，愈往後期，大陸學者發表的文章愈具學術性。先生趁開會之便有時偕夫人同行旅遊，如 1993 年 4 月 6 日，先生夫婦及張玉法夫婦趁參加「台兒莊戰役紀念」學術討論會之際，同遊古北口、台兒莊紀念館等地。1993 年 10 月 11 日參加在合肥舉辦的「安徽近代人物」學術討論會，會後先生與程光裕教授等一行六人向安徽大學租一麵包車，於 10 月 15 日同赴黃山遊覽。1994 年 8 月 18 日，先生夫婦與張玉法夫婦在四川大學教授隗瀛濤安排下，遊覽歷史上之偉大水利工程——都江堰。又至重慶，住西南師範大學。22 日，遊覽市區，參觀蔣中正抗戰時之防空洞及作戰指揮所。26 日下午，遊黃鶴樓，參觀辛亥武昌首義紀念館。晚，章開沅教授夫婦來飯店邀請共進晚餐，先生稱章開沅外冷而內熱，為華中史學界之龍頭，受其招待。其後又到北京，遊北海公園、頤和園、圓明園故址、檀柘寺等名勝，9 月 8 日，回臺北，此後開會兼旅遊次數頻繁。

1995 年 9 月 9 日，偕夫人經香港飛烏魯木齊遊覽，在桃園中正機場欲乘華航飛香港時，即誤點兩小時，乃改乘國泰航空到港，包機飛烏市，抵烏市，行李未到，旅途生活至感不便。先生曾至新疆大學歷史系訪問，晤該校教授數人，當時房屋簡陋，設備亦差，然對邊疆各族歷史研究，有其優越條件，亦有其必要。9 月 16 日，自烏市飛上海，曾在北京稍作停留，續飛至滬，而已誤點數小時。范烈孫、許傳中夫婦在天山賓館等候，後遷至玉泉飯店，遊覽五日，飽嘗杭州風光，西湖各景、六和塔、樓外樓之醋溜魚、絲市場，皆往觀賞。

（2）開會中的紛爭

　　由於兩岸的學術久未有交流的機會，加上彼此間某些意識形態的差異，因此剛開始接觸時難免有不同的紛爭。1990年8月3-6日在廣州的「孫中山思想學術討論會」，臺灣方面參加者有張玉法、李國祁、陳三井、賴澤涵、繆全吉、陳志奇、雷飛龍、李瞻、胡春惠、朱傳譽、馬起華及先生等三十多人，來自美、加的學者有李又寧、唐德剛、薛君度、徐乃力等，日本有衛藤瀋吉、山田辰雄、狹間直樹等，香港有吳倫霓霞等。大陸學者尤多，先生倍感親切者有在中山大學服務研究辛亥革命的陳錫祺，神交已久；一見如故者有金沖及、李侃、黃彥、姜義華、張憲文等，皆初識。開幕式時，黨政要員多上座，講話皆讀稿，代表臺灣方面致詞者張玉法，即評會中政治意味濃。討論會中，臺灣學者批評大陸學者論文時，對方多不置答，亦不作說明。陳錫祺謂兩岸學者作風頗不同，臺灣學者勇於發言，顯得自由活潑；大陸學者含蓄沉默，視批評為「鬥爭」。閉幕式官員上座者不多，各方代表均有致詞，衛藤瀋吉對大陸方面頗有批評，謂其缺乏自由，實際負責人黃彥頗不悅。大陸代表致詞時，謂為促進兩岸學術交流，宜異中求同，避免敏感問題。先生致詞時指出，對促進兩岸學術交流極力贊同，然以此次會議論文為例，大陸學者之論文中不時出現「資產階級」或「資產階級革命」等詞，因此避免敏感問題恐不可能。

　　1991年8、9月間，夏威夷中西文化中心舉辦「辛亥革命八十週年紀念」國際學術討論會，出席學者有臺

海兩岸及歐美、日、韓等國百餘人，其中頗多國際知名
學者，如韋慕庭、史扶鄰、衛藤瀋吉等，臺灣方面有李
國祁、張朋園、王曾才、宋晞、呂士朋、呂芳上、胡春
惠、陳三井、陳鵬仁及先生等十人，大陸方面有金冲
及、章開沅、張海鵬、姜義華、李侃、張磊等。日本學
者藤井昇三提一論文，謂孫中山為向日本借款，而以中
國東北作抵押，引起臺灣學者呂士朋、陳鵬仁、胡春惠
等之反駁，大陸學者則多保持沉默，呂士朋尤激憤，指
責日本侵略中國之罪惡，與衛藤瀋吉發生口角。

　　有些意識形態的爭議在學術交流中不時出現，如
1994 年 7 月在臺北的「中國歷史上的分與合學術研討
會」，由於是臺灣首度邀請對岸學者來臺參與史學研討
會，臺方學者政治火藥味甚濃，一位學者在報告先秦歷
史時，把矛頭指向中共，致使大陸學者十分惱火，會上
偶爾也有失控現象。

　　1997 年 11 月 14 日，先生參加東京慶應大學主辦
之「中日關係第四屆國際學術討論會」15 日晚宴，白
介夫致詞強調「中日建交」二十五年之成就，政治意味
濃。先生致詞謂臺灣雖小，但以孫中山為緒統，發揚中
山精神。吳天威、杜學魁致詞甚長，譴責日本之侵華，
使衛藤怒形於色。秦郁彥論文針對南京大屠殺案，頗為
日方辯護。另一日本學者任評論人，指出秦所引用之資
料有諸多錯誤與不實。吳天威對秦文之批評，不免有怒
氣，衛藤對吳亦有忿怒之表情，兩人均顯情緒化。閉幕
會為綜合討論，由山田辰雄主持之，張海鵬、陳三井分
別作引言。張事先有講稿，已分發與會學者，政治意味

頗強烈，「中日建交」及「祖國和平統一」之論調，頗
使臺方學者反感。惟其口頭報告予以淡化之。張海鵬會
後謂曰：未意三井老友如此嚴厲。先生對於觀點的不同
以正常視之，先生提到：「訪問大陸學界，辯難切磋，
交換心得，容或有不同意見，多能互相尊重，兼容並
蓄，互補不足。」[16]

　　兩岸交流會議以辛亥革命、抗日戰爭居多：原因之
一，此兩個課題為兩岸共同推動者，觀點或有不同，但
敏感性的爭議較少，可以較理性的討論；原因之二，推
動的機構甚多，辛亥革命議題有華中師範大學、武漢
大學，以及臺灣的國父紀念館等單位積極推動；抗日戰
爭議題有南京大學、上海淞滬戰爭紀念館、北京抗日戰
爭史學會及社科院近史所等及臺灣的黨史會、國史館、
中研院近史所等；原因之三，研究的學者較多，1950-
1980年代臺灣民國史的研究以政治軍事史為主，大陸
在改革開放之後訓練的學者也是如此，因此這兩個課題
也成為研究的重點。

（3）大陸變遷甚大

　　大陸近三十年來變化甚多，經濟的成長、硬體建設
更是有目共睹。1990年代以前，大陸地區平均所得甚
低，教授的待遇大約人民幣百元至三百元不等，萬元戶
幾乎是夢想，當時臺灣教授的待遇大約新臺幣五、六萬
元，但相對的大陸消費也低，外國人（含臺港澳）使用

16 蔣永敬，《九五獨白：一位民國史學者的自述》，自序，頁7。

外匯券,糧票與飯票仍繼續使用,1992 年筆者初到南京第二歷史檔案館調閱檔案,當時三餐消費合計大約人民幣十五元,到了 2003 年同樣的消費大約要五十元,2015 年則增加到一百元以上,消費金額增加,相對的國民所得也增加不少。1990 年 8 月 3-6 日,先生在廣州的「孫中山思想學術討論會」翠亨會的觀察,參觀廣州附近紡織工廠,較之內陸進步多。沿途車輛擁擠,社會變化過速,新舊脫節。8 月 7 日,先生去桂林遊覽,外幣與臺幣,大受歡迎。離開桂林前,至銀行兌換外匯券,行員態度至劣。1993 年 4 月 6 日,先生夫婦及張玉法夫婦由臺北經香港至濟南,參加「台兒莊戰役紀念」學術討論會,受張玉法兄長招待至其家午餐,頗豐盛,顯示山東人民生活大有改善。先生曾自述 1996 年 5 月到南京的感想:「余此次留南京多日,見南京諸友生活水準頗有提高。中共政府鼓勵機關員工購屋,既可減輕政府負擔,改善公教居住條件,復可增進經濟活力。」[17] 1997 年 10 月 7 日先生與范烈孫夫婦共六人,同去無錫遊覽,太湖可遊之處,較蘇州為多。當地旅遊事業,較前發達而進步,在杭州及無錫,每人每日付人民幣一百元,含交通、門票,旅遊定點之安排亦多,經濟實惠,遊者稱便。硬體方面,交通建設更值得讚嘆。

(4) 廣結學術人脈

先生自政大退休而無教學負擔以後,復以筋骨病痛

---

17 蔣永敬,《九五獨白:一位民國史學者的自述》,頁 187。

漸愈，體力轉好，正是退而不休，享受人生的良機。是
以每逢春秋二季氣候良好之際，必赴南京金寶花園小
住，且可借此遊覽名勝。1995 年計有五次大陸之行，
另有香港二次之行，最為忙碌，先生夫婦興起在江南名
城購屋之念，以能常來居住之地、有適當友人之照顧、
生活習慣方便為覓屋條件。經衡量結果，以南京為理
想，乃商諸范烈孫、許傳中，希能在南京尋得適宜居
屋。乃於 1995 年購買南京金寶花園房屋，新居位於南
京洪武路，面積九十一平米，樓高二十八層，先生在
十六層，自此先生往來南京更為頻繁，此處也成為南京
朋友與親戚及臺北學生聚集之所，2003 年及 2004 年暑
假期間（分別為 7 月 8 日及 6 月 29 日）筆者到南京參
閱檔案，先生與夫人招待至住所共進晚餐。

　　由於先生往來於兩岸參與各項學術研討會，加上先
生性格謙沖包容，會中多有舊雨新知，咸皆獲得敬重。
1990 年 7 月 26 日，朱傳譽偕其姪女自上海來，孫鐵民
夫婦自池河來，北上同遊故宮及長城，並與朱同訪社科
院近代史研究所，得識副所長張海鵬及研究員王學莊
等。30 日去西安，參觀秦俑。1998 年 9 月 28 日晨 6 時
抵北京車站，社科院近史所齊福霖、曾景忠同車到達，
同至近史所，後來又與張同新等教授搭車同往寬溝，參
加「汪精衛及汪偽政權座談會」。寬溝在懷柔縣之山
中，風景優美，空氣清新，北京市政府之招待所建在其
中，有四合院、樓房之建築，餐飲、遊樂設備俱全。車
行約一小時到達，近史所所長張海鵬及其他接待人員已
在此等候。臺灣方面參加會議者有胡春惠、林能士、張

力、邵銘煌、許育銘及先生等共六人，皆安排住在四合院，人各一間。大陸方面學者有二十三人，分別來自大陸各地，有張海鵬、張振鯤、聞少華、王學莊、楊天石、徐輝琪、榮維木、汪朝光、李仲明、李莉、王士花、劉兵、劉紅、唐寶林、徐秀麗、張同新、劉小林、史桂芳等。其後又經王學莊介紹認識其親戚范烈孫、許傳中夫婦等，均為革命先烈先進之後裔，因先生後來編《范鴻仙年譜》（臺北：國史館，1996），更為熟識，成為先生到大陸旅遊的陪伴者。香港方面的朋友因為胡春惠在珠海亞研中心經常舉辦討論會，結識卜少夫等名流，也晤桑兵等有成就的年輕學者。

　　先生另一學術活動即是時常應同輩之請或應學生之求，為新書撰寫序文，通常都極為嚴謹，序文的篇幅通常極長，甚可成為單獨之論著，如為筆者的《戰後中國的變局》一書的序文〈流產的「和平統一」〉，文長十六頁大約近萬字，其中提到和平統一失敗的原因，並將民國以來的發展用三次革命來形容，第一次是辛亥革命，第二次為北伐統一，第三次則為戰後國共內戰。[18]今日再度奉讀更感先生之見解卓著。又如為陳紅民《函電裡的人際關係與政治──談哈佛燕京圖書館藏胡漢民往來函電稿》（北京：三聯書店，2003）撰寫序題為：〈胡漢民的人際關係──反蔣抗日活動及其他〉；為周美華《中國抗日政策的形成》撰寫序題為：〈黃金十年

---

18 蔣永敬序，〈流產的「和平統一」〉，林桶法，《戰後中國的變局：以國民黨為中心的探討（1945-1949年）》（臺北：臺灣商務印書館，2003），頁15-16。

與抗日救亡——周美華《中國抗日政策的形成〉書序〉
（發表於《近代中國》140 期，2000 年 12 月）等均可
獨立成文。

4. 其他事蹟

（1）參與編撰工作

　　由於先生學術專業獲肯定，因此參與許多專書的編
撰工作：其一，《中華民國建國史》之編撰：首次籌備
會議在 1980 年 8 月 20 日舉行，由教育部次長施啟揚主
持，應邀到會者為國史館長黃季陸，國民黨黨史會正副
主委秦孝儀、李雲漢，中研院近史所長呂實強等，決定
方針如下：一、《中華民國建國史》之編撰，作為參考
用書，而非正史。二、由黨史會等單位推薦十數人，組
成編輯小組，分頭進行撰寫，約五百萬字，預計兩年完
成。三、以真實史料寫出真實歷史。經過籌備會議，通
過李雲漢起草之「編輯例言」及編輯委員十一人及主委
人選。定全書分五篇：一、革命開國。二、民初時期。
三、北伐統一。四、抗戰建國。五、戡亂復國。

　　編輯委員會委員有：主任委員秦孝儀，委員王聿
均、李國祁、李雲漢、呂實強、黃季陸、張玉法、許朗
軒、許師慎、蔣永敬、賴暋。上列十一人除李國祁及先
生二人外，其餘九人為黨史會、國史館、中研院近史所
每單位各三人。先生被推為第三篇編輯小組召集人，各
篇各章、各節水準，頗不一致，此與各篇召集人及執筆
人之素養有關，如推薦之執筆人即可能為外行或素養
不足者，至有撰寫之文常有不堪使用者或爽約無從交

稿者，須由召集人設法解決之。因此各篇召集人之責任尤為重要。第三篇字數約一百六十萬，分三冊，於1987年由國立編譯館出版。第一冊有總目錄，每冊有分目錄及版權頁，便於閱者查考。以職責之故，先生撰文較多，除導言約六萬字外，計五又二分之一節，每節約三萬字，計二十餘萬字。次為林能士、李雲漢、趙洪慈、陳存恭、胡春惠、李又寧、王正華等，均各約十餘萬字。先生又參加李雲漢擔任召集人之第一篇，撰〈孫中山先生的革命思想〉一章四節，約十萬字。在編輯過程中，為稿件之審訂常有不同意見，由編委會定期集會討論之。由於各篇、章、節常有不同觀點，甚至有所重疊、矛盾者，主任委員秦孝儀曾提議統一撰述，原作者均不具名，而以編委會名義行之，張玉法堅不同意，結果仍各具名。

　　其二，高中歷史教科書民國史部分之編寫：歷史教育與歷史事實之間本來就存在著落差，從歷史教育而言，歷史常常被認為是可妝扮的姑娘，每一個執政者都想藉歷史教育傳達其治國理念，因此歷史教育常被作為統治的工具。近十年來臺灣高中歷史教科書編撰的變革，除了是理性的改革之外，其中還隱含有政治角力在內。過去高中歷史教科書統編本使用到1999年，之後教育部部定統編本教科書開始實施一綱多本，是高中歷史教育的一大改變，但這僅是巨變的開端，其後歷經幾次重大變革（「95暫綱」、「98課綱」、「101課綱」、「104微調課綱」、「106課綱」、「108課綱」），其中包括臺灣史分量的增加、用詞的改變、內容篇幅

及授課時數的改變等，紛擾甚多，最大的改變應該是
「108 課綱」。但即使是在統編本時期編寫歷史教科書
仍有一些問題，先生參與統編本時期為 1984-1998 年。
統編本在當時社會氛圍下，有兩個現象值得一提：

一是集體書寫，不斷修正：1984 年臺灣高、初中
歷史教科書重新編寫，由國立編譯館成立歷史教科書編
審委員會，李國祁任主任委員，王仲孚等二十三人為委
員，先生為委員之一，其中除少數高中歷史教師外，多
為在大學從事歷史教學之教授。先生與呂實強合撰高中
歷史第三冊，總訂正為李國祁。第三冊從第二十章起至
第三十章止，為近代及現代史部分，起自鴉片戰爭而至
當代，呂實強任清末至民初部分之撰寫，即自第二十章
至第二十五章。先生負責自軍閥割據至當代部分，即
自第二十六章至第三十章，1985 年初版。每學年開始
前，任課教師或其他方面常有修正之建議，由撰寫人斟
酌修訂，並經編審委員會之通過。發行使用以後，中學
任課教師以內容蕪雜，教學不易，提供許多教學現場的
建議，是以先生每年均須根據編譯館彙集各方之反應意
見修訂之。

二是有些課題仍有爭議：其一是有關「二二八」事
件，此課題事涉敏感，著筆至難，但又不能避而不提，
全書之比重，以簡要為宜，但部分民意代表，常有意
見，指責課本對此事件之記述，係「避重就輕」，編審
委員會常為此問題召開會議討論如何修訂，仍難獲得指
責者之滿意，深苦之，編審會決定推舉黃秀政執筆修訂
之。黃秀政，師大歷史學博士，為李國祁所指導，1997

年，由其主編之國中通識課本《認識臺灣·歷史篇》，由編譯館出版，臺灣意識強烈。在一項紀念盧溝橋事變六十週年集會中，先生曾有演講，題為〈中日代理戰爭的危機已在臺灣燃起〉，要義是說此種課本內容充滿媚日、仇華意識。其二是開羅會議問題，高中歷史教科書所述 1943 年開羅會議中、美、英三國領袖聲明臺灣、澎湖在日本戰敗後，應歸還中華民國，此為多年來不爭之事實，但有人提出質疑，謂開羅會議聲明未經三國領袖簽字，應屬無效。先生等舉出此項聲明，在中、美政府公報中，既有發佈，何能視為「無效」？至今此兩課題依舊仍有不少爭議。

（2）擁護民國的關懷——批李、非獨

先生有傳統知識分子的性格，進則兼善天下退則明哲保身，但既出生民國，研究民國，對於民國有一份深厚感情。先生認為臺灣之民主，由於當局者心胸狹小，充滿民粹意味，偏離民主軌道，此對中國及臺灣之前途，皆不利，吾人研究歷史，關心治亂興衰之道，對於當前情況，不能視若無睹。有所感觸，必為文論之。先生之背景，不免有「遺老」心態，故為文立論，不免有悲憤之情。有謂先生言論，頗多「批李」（李登輝）而「非獨」（臺獨）者，李自 1988 年繼任中華民國總統及國民黨主席後，諸多措施，先生以「三不」形容之，即「不講理、不守法、不知恥」。李氏「接班」之始，先生以為以一臺籍平民之學者，無特權背景，依制度而行，實乃時代之進步。當其接替國民黨主席時，先生在

《聯合報》發表短文，讚揚制度之成功，指出國民黨具
有悠久之歷史，政治資源雄厚，對中國深具影響力，有
利用之而得權力，而又企圖毀滅之者。1989 年春，當
「萬年國會」之國民大會集會選舉總統時，即出現「主
流」與「非主流」之鬥爭，李氏操縱其間，借修憲而行
直選之法，即向獨臺與臺獨之路邁進。

李氏為清除異己，製造鬥爭，使國民黨出現分裂危
機，是在 1989 年競選總統之際，迨其當選後，益無忌
憚。1992 年 10 月，先生在《國是評論》發表一文，題
曰〈玩火自焚的國民黨接班人汪精衛〉，以比喻今之李
「接班人」，其要點有：儀表出眾虛偽多變、搶得位子
失去光采、登上寶座同志被整、黃鐘毀棄瓦釜雷鳴等，
慨歎國民黨面臨的困局，《中央日報》已淪為私人鬥爭
工具。另有一文在《國是評論》發表，指出「百年老
店」命運，將為一批作秀之人所斷送，吾輩「國民黨遺
老」，唯有對此「百年老店」作一憑弔而已。其後續有
數文，彙集有關國民黨之論文計十七篇，編為《百年老
店：國民黨滄桑史》一書（傳記文學出版社，1993）。

（3）參加「和統會」

梁啟超認為，歷史是「記述人類社會賡續活動之體
相，校其總成績，求得其因果關係，以為現代一般人活
動之資鑑也」。[19] 先生研究民國，關心時局，有時為文

---

19 梁啟超，《中國歷史研究法（含補編）》（臺北：臺灣商務印書館，
　　2009），頁 1。

引歷史經驗批判當前時局，如在《百年老店國民黨滄桑史》中提到：「今天國民黨的文宣工作，已淪為私人政爭的工具，把自己的歷史、主義以及對國家有貢獻的領袖人物，忘得一乾二淨，說不定有一天會『清算』上面三種東西。如果真有這麼一天，這塊金字招牌的『百年老店』，就要被一批善於作秀、企圖自創品牌的人所斷送了。」[20] 在《國民黨興衰史》一書增訂本序中提到：「過去取代國民黨政權的對手，較之國民黨更為惡劣，如袁世凱和北洋軍閥之類，亦走上『自敗』之路，國民黨才有翻身的機會。如就國民黨這次敗於民進黨的客觀情況而言，亦非沒有翻身的機會。所謂歷史經驗，並不一定重演，但其鑑往知來的功能，仍不可忽視也。」[21] 文中充滿對時局的關懷。

先生關心時局的實際行動即參加「和統會」，1998年3月，梁肅戎籌備「海峽兩岸和平統一促進會」（簡稱「和統會」），以陳立夫為名譽會長，梁為會長，邀先生擔任副會長，應之。另有兩名副會長，即郭俊次、馮滬祥。4月19日，假臺北市晶華大酒店開成立大會，選出理監事，先生被選為理事。先生時在南京，見大陸方面報紙及電視均有報導，對此會之成立，似頗重視。6月4日，自南京回臺後，梁會長數度約先生至和統會辦公處（臺北市基隆路世貿大樓二四〇五室）商談會務。7月4日，和統會舉行理監事會議，決定組織大陸

---

20 蔣永敬，《百年老店國民黨滄桑史》（臺北：傳記文學出版社，1993），頁3。
21 蔣永敬，《國民黨興衰史》，自序，頁 I。

訪問團，往訪北京、東北及上海，並發行第二期會刊，先生撰文，題為〈直接三通需要民間支持〉，文中提到「三通」口號，呼之多年，仍多障礙難行者，兩岸當局皆有責任。

　　和統會之宗旨，為促進臺灣海峽兩岸人民之交流互惠，增進彼此溝通瞭解，落實該會推動之和平統一之三原則：一、堅持一個中國原則，共同邁向和平統一。二、兩岸對等和平共存，主權領土共有共享。三、臺灣不獨立，中共不動武。此乃湊合兩岸口號而成，如對等、共存、不獨、不武，係臺方之口號，餘皆大陸方面的主張。先生一向認為臺灣無獨立之條件，大陸亦決無容忍臺獨之餘地，「和平統一」為最佳之途徑。1998年8月，應《歷史月刊》稿約，撰〈從兩次國共「合作」省思兩岸問題〉，然該刊延至十月號出一「衝突與和解」專輯，增約文稿探討北愛爾蘭、東帝汶、魁北克、喀什米爾等地分離問題，連同先生大作計有五篇。

　　1998年9月12日「和統會」大陸訪問團啟行至北京訪問，為期六天，再轉長春。和統會組團訪問大陸，行前曾與大陸海協會方面有所洽商，係由海協會來函邀請，原擬9月6日出發，因大陸方面對臺機構人事異動，延至9月12日。會長梁肅戎任訪問團團長，顧問張豐緒副之，團員三十餘人，學、商、法各界均有之，先生亦與焉，其要者有郭俊次、馮滬祥、耿榮水、武士嵩、楊開煌、丁庭宇、范止安（香港）、湯紹成、李志中（新黨）、黃惠英（會計師）、戴慶祥（律師）、王和平（商）及新聞記者李建榮（中國時報）、文現深

（聯合報）、尹乃馨（傳訊電視）、莊慧良（明報）、黃白雪（臺灣日報）等，尚有新加坡商人連家立等。

12 日上午 10 時半，訪問團乘澳門航機由澳門轉北京，誤點約一小時，下午 5 時許抵北京，海協會王小兵前來接機，由貴賓室通關，住進皇冠假日飯店時，已 6 時許，部分團員遂即應國臺辦主任陳雲林及海協會常務副會長唐樹備之邀，在北京國務院臺辦招待所參加接風宴。應邀者有梁肅戎、張豐緒、郭俊次、范止安、楊開煌、丁庭宇、李志中、耿榮水、馮滬祥及先生等九人。蓋和統會梁會長亦在多種場合中表示，此次來訪目的之一，亦為慰問大陸災情，並捐贈南、北災民各美金一萬元，款雖不多，心意已到。13 日（星期日）上午，參觀北京近郊房山區之韓村河農村建設。14 日上午 9 時，中共總書記、國家主席、軍委會主席江澤民在北京釣魚台賓館養心樓接見和統會訪問團代表梁肅戎（會長、訪問團團長）、張豐緒（副團長）及三位副會長郭俊次、馮滬祥及先生等共五人。國臺辦主任陳雲林、海協會常務副會長唐樹備作陪，另有接待人員、談話紀錄、攝影人員。9 時準時會晤，江一一握手問好，分別坐定。首由梁會長表示此次來訪為慰問水災，及增進兩岸交流促進和解，有利和平統一工作，繼即說明和統會之宗旨，特別強調「臺灣不獨立、中共不動武」之原則，希望「共同締造一個統一的新中國」。兩岸透過談判、接觸，結束對立、敵對狀態，雙方以會談方式進入政治及事務性磋商，儘速達成協議。

先生對江之綜合印象：態度謙虛，平易近人，有書

生氣質，多才多藝，氣度寬容，對兩岸和解期望殷切，
具有誠意，對中國前途有信心。10 時半，和統會訪問
團全體成員三十餘人在釣魚台八號樓客廳會見國務院副
總理及對臺小組副召集人錢其琛，陳雲林、唐樹備等陪
同出席。錢係外交官出身，較江拘謹，多官式語言。首
由梁會長發言，張豐緒等繼之，內容與對江之言略同。
先後發言者有郭俊次、耿榮水、楊開煌、丁庭宇、周玉
山、武士嵩、馮滬祥等多人，先生本無意發言，梁要先
生略而言之。先生就兩岸和解問題，應能調和兩方意見
及期望，提出一個原則及四個方針，即一個中國原則，
方針為一國兩制、分治合作、和平統一、互不動武。與
錢會談時，錢一再表示歡迎辜振甫訪問大陸。下午在北
京松鶴樓與大陸國務院及法界人士研討第一項議題：
「兩岸法律實務交流合作及臺商權益保護」。大陸方面
表達者多為官式文章，臺方表達者多為實際困難，即大
陸官方亦難解決，足見兩岸制度與觀念之差距，非短期
所能拉近。如因此要求對方立即改變，亦係強人所難。
15 日上午，與北京社科院台研所等單位學者研討議題
為「如何穩定發展兩岸關係」。大陸方面有許世銓（社
科院臺研所長）、李家泉、姜殿銘（研究員）等。兩方
代表輪流發言。先生就國共兩次分合歷史來看兩岸關
係。大意謂就國共兩次合作的經驗而言，均非穩定，兩
次合作計為十二年；「合作」之破裂則演變為戰爭，先
後兩次爭戰共計為十四年。原因則為：1.合作目標之消
失。2.外力之介入，而非出於自覺與自動。3.兩黨皆有
排他性，而無包容性。1980 年代以來，大陸又倡「第

三次國共合作」問題，迄無交集，乃缺乏互信之故。就目標言，兩方尚缺共同之目標，尚不及第一、二次有短程之共同目標。就方式言，雙方皆欲借外力以相制。就兩方性質言，皆有排他性。

先生綜合三天來座談之印象，雙方雖有不同意見，而大陸方面尚能虛心應對，作善意之說明。16 日下午，會長梁肅戎表示：和統會訪問團與大陸學者有關方面連續三天針對兩岸政治、法律、金融、貿易等問題展開座談，彼此真心誠意對話交換意見，他希望海基會與海協會之間也應該要有如此的精神，不要彼此猜忌。梁肅戎說：他很高興大陸海協會正式邀請海基會董事長辜振甫率團到大陸參訪。他也希望辜振甫此行順利。和統會此次大陸之行，對於停頓三年的辜汪會晤起了催化作用。9 月 18 日上午，訪問團一行乘飛機赴長春，住香格里拉飯店，下午參觀長春汽車製造廠。該廠係中國之大廠，有員工七萬餘人。先生為繼續隨團參訪而是留在長春，遷往南湖邊之華僑飯店，以待 22 日參加「第五屆近百年中日關係史國際研討會」。27 日，再往北京，參加「抗日戰爭時期的汪精衛與汪偽政權座談會」。梁肅戎一行則於 9 月 20 日下午自長春抵達上海後，即於 21 日上午在衡山賓館會見大陸海協會會長汪道涵。根據報導，雙方見面時，汪對兩岸關係提出「擴大交流，增加理解，發展合作，反對分裂，共議統一」五項基本原則。對梁所提「臺灣不獨立，大陸不動武」的原則，汪表示肯定並支持。22 日，訪問團一行返臺，適海基會副董事長兼祕書長許惠祐至北京與唐

樹備會晤，梁認為這只是對兩岸打開僵局算是盡了一份
心力。

　　和統會之後又在香港、美國等地舉辦各式會議，進
行其宗旨的論述，但終究如先生研究抗戰時期所提出的
意見「和比戰難」，雖然兩岸尚無熱戰，但和平的談判
亦未能實現。先生之後並沒有放棄對時事的關懷，關心
歷屆總統大選，並為文評論，無奈「公理變成灰」，最
終還是將精力用於學術的論述。

（4）知識分子本色

　　為了了解大陸方面對民國史相關問題之研究情況，
先生常就赴香港開會之便，必去書店選購所需之大陸
出版書籍。解嚴前，其進口由臺灣警總管制，放行與
否，視情況而定。如為學者研究之用，不致沒收。解嚴
後，由行政院新聞局管制。1987 年 11 月，先生由香港
回臺，攜大陸出版有關研究孫中山著作十餘冊，在中正
機場入境時，即有新聞局人員將先生攜帶之書扣留，要
先生等候其檢查。先生以為檢查後必發還。約兩小時，
排隊等待檢查畢，給先生收據一紙，云至臺北新聞局取
書。適遇呂士朋依其規定至新聞局領回彼之被扣書籍。
先生致函新聞局長邵玉銘，提及此類書籍並無思想問
題，新聞局以官式文件回覆，先生深感不滿，乃投書
《聯合報》申訴力爭，最終得以取回，新聞局亦放寬
書籍審查標準，陳三井認為是「蔣兄為學術界爭取到的

權益」。[22]

22 陳三井，〈活到老、學到老、寫到老——追懷史學界的「永敬蔣公」〉，《傳記文學》，第 113 卷第 2 期（2018.8），頁 43。

後記

　　歷史的研究，特別是近現代史的研究，與政治取向及政治環境有極為密切的關係。臺灣的民國史研究在 21 世紀以前不論是質與量都有值得肯定之處，一方面是黨史會及軍事委員會侍從室的資料帶到臺灣，並整理開放，提供研究者重要的素材。另一方面在解嚴之後言論尺度逐步放寬，在較無意識形態的束縛下，可較客觀的評述民國史上的爭議問題。三方面則與政策鼓勵發展民國史有關。由於臺灣退出聯合國、美國又與臺灣斷交，臺灣在國際環境上面臨極大的困境，為讓年輕的學生了解民國史的變遷，有一段時期「中國現代史」是所有大學生的必修課程，政治大學設立研究所集中於近現代史的研究，教育部甚至設立「中國現代史獎學金」，凡研究中國現代史的碩士班及博士班同學經審查通過之後每個月發給獎學金，這對當時的學生而言確實是一大誘因，而畢業之後任教大專院校的機會較大，無形中帶動民國史的研究熱潮。更重要的在中央研究院近史所、黨史會、國史館等單位的積極推動，加以福特基金會提供赴國外研究的機會，帶動新的研究方法與研究視角，而先生等前輩的嚴謹治學態度更讓民國史的研究更為紮實。

　　曾幾何時臺灣政治環境大變，本土意識高漲，課題受新的主流研究影響下，民國政治、軍事史研究者逐漸減少，這中間和「眾星殞落」多少有些關係，陳三井先

生言：「臺灣的近現代史學界，自從劉紹唐、沈雲龍、
唐德剛（人雖常在美國，心卻歸屬臺北）、李國祁、胡
春惠等人老成凋謝，相繼仙去之後，臺北的夜空已不再
眾星閃耀、眾聲喧嘩了，如今『永敬蔣公』又駕鶴追隨
他們而去，在另一世界或許頓顯熱鬧，而我們所在的臺
北星空卻更形黯淡寂寞了。」[1] 民國史研究另一支柱李
雲漢也隨後離世，民國史的研究更行削弱，陳三井道出
我們之所以要書寫前輩傳記的主要原因。

　　從學術脈絡言，目前兩岸的民國史研究，各有其問
題，大陸地區近十幾年來在許多研究機構及高校的推動
之下，展開所謂的「民國熱」，也出現一些「國粉」或
「蔣粉」，研究的質與量，特別是量方面確實比 2000
年之前要增加許多，但「碎片化」與「細緻化」的情況
特別明顯，討論一些課題時過於「謹慎」，以至於有些
課題並沒有新的批判，如辛亥革命後對滿清遺老的安
排、民初從原本總統制的設計改為內閣制、孫中山與袁
世凱的問題均未能提出新的論證。又如對北洋政府的評
述落入「肯定」與「批判」兩極化的迷思，好像「肯
定」派就是新潮。抗戰史研究甚至是現階段最熱門的研
究課題，細膩化的討論中共占領區抗共的組織與貢獻，
強調中共在人民動員的正面意義，對國軍抗日僅作較少
幅度的肯定與研究，忽略主體性的抗戰問題，對於抗戰
時期國共合作與衝突部分則未能整體檢討。其他方面常

1　陳三井，〈活到老、學到老、寫到老──追懷史學界的「永敬蔣
公」〉，頁 46。

落於地區史的討論，談湖南者不討論湖北，談解放區者不談國統區，比較及線性觀察的論述仍有待突破與加強。

　　臺灣的民國史研究問題更多，由於臺灣歷史學研究受到本土意識高漲、政黨輪替、新文化史潮流的衝擊等多重因素的影響，民國史特別是民國軍政史的研究逐漸被邊緣化，推動民國史研究的重鎮——中央研究院近代史研究所，隨著民國史研究第二代、第三代學者退休，研究課題、角度更為多元，民國軍政史研究相對被稀釋化，雖然在一些學者的努力下仍有一定的成果，但中國大陸有些學者甚至感慨可對話的對象與課題越來越少。此外，國史館雖然典藏總統副總統及民國史的重要檔案，資料也大量的開放，政黨輪替後的幾任館長也都由學者擔任，也盡量鼓勵同仁進行民國史的研究，然由於館長本身仍以臺灣史為研究專業，大力推動 1950 年代以後臺灣歷史的發展，特別是「政治檔案」的出版與研究，自然無法像過往一樣著力於推動 1949 年前民國史的研究。以《國史館館刊》為例，或可能因為民國史研究的專文減少，實際上呈現出的是臺灣史研究的篇幅確實比政黨輪替之前增加許多。黨史館方面，一方面國民黨本身也不太重視黨史的研究與推廣，再方面在「促轉會」的壓力下，自保都成問題，遑論研究。王爾敏感慨說：「二十年前，學界領袖黨史會主任委員秦孝儀先生能把黨史會、國史館、近代史所三個機構會合實力，共同召開各大學術會議，形成十年鼎盛之學術活動，彼此

合作，創造豐富業績，令人迴思難忘。」[2] 大專院校方面，過去標榜研究民國史的重鎮——政大歷史所，隨著第二代、第三代學者退休，學生研究的課題不再侷限於研究中國近現代史，政大歷史所已喪失其原有的特色。其他各大學歷史系課程中大部分未將中國近現代史列為必修，師資的需求萎縮，亦不利民國史研究的拓展。幾位第三代民國史研究學者戮力推展與堅持，希望能「苦撐待變」，賡續前功。

　　先生一生極為精彩，可述之處甚多，其研究秉持「嚴、明、勤」的態度，治學嚴謹、掌握主題、勤於蒐集與書寫；同時重視「以史為鑑」，出生民國、研究民國、擁護民國始終如一；在學術交流中表現出來的謙沖與宏偉氣度，更值得學習。臺灣民國史研究的發展或不能和 2000 年以前相比，但重視思辨、獨立論述、多元思考與豐富而開放的史料等，加上諸多史學先進的嚴謹訓練下，許多學者的著作仍有一定的影響性，先生的治史精神已再生，期許這部小傳能啟迪未及親炙先生言教者更多的省思。

2　王爾敏，〈史官職司淺談〉，頁 102。

附錄：蔣永敬教授著作目錄

（依時間排列）

一、專書

- 《鮑羅廷與武漢政權》，臺北：中國學術著作獎助委員會，1963 年 12 月，初版；臺北：傳記文學出版社，1972 年，再版。
- 《胡志明在中國》，臺北：傳記文學出版社，1972 年。
- 《國父革命運動史要及其思想之演進》。臺北：正中書局，1975 年。
- 《國民革命與中國統一運動》，臺北：正中書局，1976 年。
- 《現代史料論集》，臺北：臺灣商務印書館，1978 年。
- 《近代人物史事》，臺北：臺灣商務印書館，1979 年。
- 《革命與抗戰史事》，臺北：臺灣商務印書館，1979 年。
- 《中國思想家（50）——孫中山》。臺北：臺灣商務印書館，1979 年。
- 《蔣中正先生與抗日戰爭》，臺北：黎明文化出版公司，1991 年。
- 《百年老店國民黨滄桑史》，臺北：傳記文學出版社，1993 年。
- 《抗戰史論》，臺北：東大圖書公司，1995 年。
- 《范鴻仙年譜》，臺北：國史館，1996 年。
- 《孫中山與中國革命》，臺北：國史館，2000 年。

- 《浮生憶往》，臺北：近代中國出版社，2002 年。
- 《國民黨興衰史》，臺北：臺灣商務印書館：2003
  年；2009 年，增訂本；2016 年，增訂本再版。
- 《孫中山與辛亥革命》，臺北：臺灣商務印書館，
  2011 年。
- 《孫中山與胡志明》，臺北：臺灣商務印書館：
  2011 年。
- 《蔣介石與毛澤東的談打與決戰》，新北：臺灣商
  務印書館：2015 年。
- 《九五獨白：一位民國史學者的自述》，臺北：新
  銳文創，2017 年。
- 《多難興邦：胡漢民、汪精衛、蔣介石及國共的分
  合興衰 1925-1936》，臺北：新銳文創，2018 年。

二、合著

- 《民國史二十講》，〈第九講：中國國民黨的改組
  與建軍〉、〈第十講：中共的長成與滲透陰謀〉、
  〈第十一講：北方政局的混亂〉、〈第十二講：蔣中
  正先生繼承革命大業〉，臺北：幼獅書店，1974 年。
- 教育部主編，〈中華民國建國史〉，第一篇，革命
  開國，〈第二章，孫中山先生的革命思想〉，臺北：
  國立編譯館，1985 年。
- 教育部主編，《中華民國建國史》，第三篇，統一
  與建設。〈導言〉、〈第二章第一節：中國國民黨
  之改組〉、〈第二章第二節：黃埔建軍〉、〈第四
  章第一節：聯俄容共之由來與形成〉、〈第四章第

二節：容共政策的分歧與意見的衝突〉、〈第四章第三節：東南清黨與武漢分共〉、〈第五章第一節: 北伐時期的對外交涉〉，臺北：國立編譯館，1989 年。

- 《中山先生與莫斯科》（與楊奎松合著），臺北：臺灣書店，2001 年。
- 《蔣介石與國共和戰（一九四五～一九四九）》（與劉維開合著），臺北：臺灣商務印書館：2011 年，繁體版。太原：山西人民出版社，2013 年，簡體版。

三、編著

- 《日本華僑教育》（與臧廣恩合編），臺北：海外出版社，1960 年。
- 《華僑開國革命史料》，臺北：正中書局，1977 年。
- 《濟南五三慘案》，臺北：正中書局，1978 年。
- 《北伐時期的政治史料－一九二七年的中國》，臺北：正中書局，1981 年。
- 《楊亮功先生年譜》（與李雲漢、許師慎合編），臺北：聯經出版公司，1988 年。
- 《一九二五至一九五〇年之中國：陳立夫回憶錄討論會論文集》，臺北：國史館，1997 年。

四、論文

- 〈九一八事變中國方面的反應〉，《新時代》，卷 5 期 12，1965 年 12 月。
- "Ho Chi-minh and China (1940-1945)," New York: Columbia University Seminar on Modern East Asia:

China, February 1967.

- 〈羅易與武漢政權的反帝國主義運動〉，《傳記文學》，卷 12 期 1，1968 年 1 月。
- 〈越共與中共（1925-1945）〉，《第一屆中美「大陸問題研討會專輯」》，1970 年 12 月。
- 〈朱芾煌與辛亥南北議和〉，《傳記文學》，卷 19 期 2，1971 年 12 月。
- 〈辛亥革命前十次起義經費之研究〉，《新知雜誌》，卷 1 期 6，1971 年 12 月。
- 〈抗戰期間中法在越南的關係〉，《中國現代史專題研究報告》，輯 1，1971 年 12 月。
- 〈戴季陶的事略和思想〉，《中國文化綜合研究》，1971 年 12 月。
- 〈胡志明在中國被捕與加入越南革命同盟會〉，《傳記文學》，卷 20 期 2，1971 年。
- 〈胡志明在中國—— 一個越南民族主義偽裝者〉，《傳記文學》，卷 20 期 2，1972 年 2 月。
- 〈國父全集的編訂與校訂芻議〉，《中華學報》，卷 1 期 1，1974 年 1 月。
- 〈興中會時期革命言論之演進〉，《中華學報》，卷 1 期 2，1974 年 7 月。
- 〈南京時期的國史館〉，《中華文化復興月刊》，卷 7 期 2，1974 年 10 月。
- 〈中共問題研究及其有關資料〉，《人與社會》，卷 2 期 5，1974 年 12 月。

- 〈羅家倫先生的生平及其對中國近代史研究的貢獻〉，《中央研究院近代史研究所集刊》，期 4，下冊，1974 年 12 月。
- 〈從吳稚暉《留英日記》來補正國父幾次旅英日程的缺誤〉，《傳記文學》，卷 26 期 3，1975 年 3 月。
- 〈新四軍事件的前因〉，《中國大陸》，期 97，1975 年 9 月。
- 〈《國父全集》諸本的比較及新編本的介紹〉，《研究中山先生的史料與史學》，臺北：中華民國史料研究中心，1975 年 11 月。
- 〈《軍政府公報》中的國父護法新資料〉，《研究中山先生的史料與史學》，臺北：中華民國史料研究中心，1975 年 11 月。
- 〈胡漢民先生重要事蹟及其影響〉，《傳記文學》，卷 28 期 6，1976 年 6 月。
- 〈中國國民黨第一次全國代表會〉，《中華學報》，卷 4 期 1，1977 年 1 月。
- "Hu Han-min's Ideas on Women's Rights and His Achievements," New York: Chinese Studies in History, Summer 1977.
- 〈鮑羅廷使華始末記〉，《傳記文學》，卷 32 期 5，1978 年 5 月；卷 32 期 6，1978 年 6 月。
- 〈對日抗戰的持久戰略〉，《中國論壇》，卷 6 期 7，1978 年 7 月。
- 〈胡漢民先生提倡女權的思想及其成就〉，《食貨月刊》，復刊卷 8 期 7，1978 年 10 月。

- 〈同盟會民報的言論與辛亥革命〉，《中華文化復興月刊》，卷 12 期 1，1979 年 1 月。
- 〈歐事研究會的由來與活動〉，《傳記文學》，卷 34 期 5，1979 年 5 月。
- 〈胡漢民與清黨運動〉，《中華民國史料研究中心十週年論文集》，臺北：中華民國史料研究中心，1979 年 11 月。
- 〈中國國民黨歷次全國代表大會之回顧〉，《近代中國》，期 21，1981 年 2 月。
- 〈南洋華僑與辛亥革命〉，《傳記文學》，卷 39 期 2，1981 年 8 月。
- 〈鮑羅廷與中國國民黨之改組〉，《中華民國建國史討論集》，第三冊，北伐統一與訓政建設史，臺北：中華民國建國史討論集編輯委員會，1981 年 10 月。
- 〈革命黨對清季立憲運動的批評——民報與新民叢報關於立憲論戰之分析〉，《中國近代的維新運動——變法與立憲研討會》，臺北：中央研究院近代史研究所，1982 年 4 月。
- 〈對日八年抗戰之經過〉，張玉法主編，《中國現代史論文集》，第九輯：八年抗戰，臺北：聯經出版公司，1982 年 4 月。
- 〈辛亥革命運動與香港〉，《珠海學報》，期 7，1982 年 11 月。
- 〈辛亥革命時期孫中山先生的民權思想〉，《辛亥革命研討會論文集》，臺北：中央研究院近代史研究所，1983 年 6 月。

- 〈護法到北伐〉，《國立政治大學歷史學報》，期
  2，1984 年 3 月。
- 〈三月二十日事件之研究〉，《中華民國初期歷史
  研討會論文集，1912-1927》，臺北：中央研究院近
  代史研究所，1984 年 4 月。
- 〈黃埔軍校創辦的時代意義與背景〉，《黃埔建校
  六十週年論文集》，臺北：國防部史政編譯局，
  1984 年 6 月。
- 〈從九一八事變到一二八事變中國對日政策之爭
  議〉，《抗戰前十年國家建設史研討會論文集》。
  臺北：中央研究院近代史研究所，1984 年 12 月。
- 〈中國國民黨改組的意義與歷史背景〉，《中國民
  國歷史與文化學術研討論集》，第一冊，國民革命
  史，臺北：中華民國歷史與文化討論集編輯委員會，
  1984 年 6 月。
- 〈同盟會成立的時代意義〉，《近代中國》，期 49，
  1985 年 10 月。
- 〈日本南進與中國抗戰之危機與轉機〉，《抗戰建
  國史研討會論文集 1937-1945》，臺北：中央研究院
  近代史研究所，1985 年 12 月。
- 〈孔祥熙與戰時財政──法幣政策與田賦徵實〉，
  《孫中山先生與近代中國學術討論集》，第四冊，
  抗戰勝利與臺灣光復史，臺北：孫中山先生與近代
  中國學術討論集編輯委員會，1985 年 12 月。
- 〈辛亥前南洋華人對孫中山先生革命運動之支援〉，
  《辛亥革命與南洋華人研討會》，1986 年 2 月。

- 〈蔣中正先生領導對日抗戰的基本方針——抗戰到底〉，《蔣中正先生與現代中國學術討論集》，第二冊，蔣中正先生與國民革命，臺北：蔣中正先生與現代中國學術討論集編輯委員會，1986 年 12 月。
- 〈暹華蕭佛成與民初革命〉，《兩次世界大戰期間在亞洲之海外軍人國際研討會》，1987 年 3 月。
- 〈北伐時期的對外交涉〉（與閻沁恆合撰），《國立政治大學歷史學報》，期 5，1987 年 5 月。
- 〈對日抗戰之攻略——就蔣公中正思想言論之分析〉，《近代中國》，期 60，1987 年 8 月。
- 〈孫中山先生與「三大政策」〉，《珠海學報》，期 10，1987 年 10 月。
- 〈張學良與中原戰爭資料舉要〉，《傳記文學》，卷 51 期 5，1987 年 11 月。
- 〈國民政府奠都南京前後〉，《中國現代史專題研究報告》，輯 1，1987 年 12 月。
- "Kuomintang and Democratic Movements in Early Republican China," 二十世紀中國民主運動史研討會，紐約，1988 年 5 月。
- 〈早期國共關係之研究〉，《六十年來的中國近代史研究》，上冊，臺北：中央研究院近代史研究所，1988 年 6 月。
- 〈臨城劫案和文獻〉，《傳記文學》，卷 53 期 2，1988 年 8 月；卷 53 期 3，1988 年 9 月。
- 〈王世杰與中蘇友好條約的簽訂〉，《傳記文學》，卷 53 期 3，1988 年 9 月。

- 〈論北伐時期的一個口號「三大政策」〉，《北伐統一六十周年學術討論集》，臺北：北伐統一六十周年學術討論集編輯委員會，1988 年 10 月。
- 〈汪精衛「舉一個例」所涉「機密」之真象〉，《珠海學報》，期 16，1988 年 10 月。
- 〈宋子文史達林中蘇條約談判紀實〉，《傳記文學》，卷 53 期 4，1988 年 10 月；卷 53 期 5，1988 年 11 月；卷 53 期 6，1988 年 12 月；卷 54 期 1，1989 年 1 月。
- 〈蔣中正「第一次下野」的原因〉，《傳記文學》，卷 54 期 2，1989 年 2 月。
- 〈「三大政策」探源〉，《傳記文學》，卷 54 期 3，1989 年 3 月。
- 〈「以德報怨」還是「以怨報德」〉，《歷史月刊》，期 4，1989 年 4 月。
- 〈同盟會民報中的革命起義之理論與方法〉，《中央研究院第二屆國際漢學會議論文集——明清與近代史組》，上冊，臺北：中央研究院編印，1989 年 6 月。
- 〈對中國近代革命運動的觀察〉，《中外雜誌》，卷 46 期 2，1989 年 8 月。
- 〈中山艦事件原因的考察〉，《歷史月刊》，期 21，1989 年 10 月。
- 〈謝持先生的革命事業〉，《中國現代史專題研究報告》，輯 13，1989 年 11 月。
- 〈從「七七」盧溝橋事變到「八七」決定全面抗戰〉，《傳記文學》，卷 57 期 2，1990 年 8 月。

- 〈胡適與國民黨〉，《胡適與近代中國》，臺北：
  時報文化出版公司，1991 年 5 月。
- 〈關於孫中山「三大政策」問題——兩岸學者解釋的
  比較〉，《紀念辛亥革命八十年國際學術研討會》，
  1991 年 8 月。
- 〈九一八事變後的熱河防守問題〉，《中國歷史學
  會史學集刊》，期 24，1992 年 7 月。
- 〈中國國民黨九十五年來的奮鬥——先內後外〉，
  《中國現代史專題研究報告》，輯 14，1992 年 11 月。
- 〈國民政府實施訓政的背景及挫折（民國 17 年至 26
  年）〉，《中華民國史專題論文集第一屆討論會》，
  臺北：國史館，1992 年 12 月。
- 〈玩火自焚的國民黨接班人——汪精衛〉，《國是評
  論》，期 3，1992 年 9 月。
- 〈孫中山對中國統一的主張〉，《近代中國》，期
  91，1992 年 10 月。
- 〈國民黨的分合與興衰〉，《國是評論》，期 5，
  1992 年 11 月。
- 〈胡漢民與民國創建〉，《中國現代史專題研究報
  告》，輯 14，1992 年 11 月。
- 〈胡漢民筆下的黃克強先生〉，胡春惠、張哲郎主
  編，《黃興與近代中國學術討論會論文集》，臺北：
  國立政治大學歷史研究所，1993 年 3 月。
- 〈論李登輝與汪精衛「世代交替」之比較〉，《國
  是評論》，期 9，1993 年 3 月。

- 〈從《徐永昌日記》看台兒莊會戰〉，《「紀念台兒莊戰役五十五週年討論會」論文集》，1993 年 4 月。
- 〈張羣與調整中日關係〉，《抗日戰爭研究》，1993 年 5 月。
- 〈三民主義青年團與抗戰建國〉，《中國現代史專題研究報告》，輯 15，1993 年 4 月。
- 〈鮑羅廷傳〉，《國史擬傳》，輯 4，1993 年 6 月。
- 〈《徐永昌日記》中有關「安內攘外」史料介述〉，《中華民國史專題論文集第二屆討論會》，臺北：國史館，1993 年 12 月。
- 〈南京失陷前後陶德曼之調停中日戰爭——讀《徐永昌日記》資料〉，《國立政治大學歷史學報》，期 11，1994 年 1 月。
- 〈從盧溝橋事變到上海撤守——據《徐永昌日記》的資料〉，《近代中國》，期 99，1994 年 2 月。
- 〈范鴻仙年譜（簡編）〉，《近代中國》，期 102，1994 年 8 月。
- 〈顧維鈞與九一八事變〉，中國抗日戰爭史學會編，《抗日戰爭與中國歷史——九一八事變六十週年國際學術研討會論文集》，瀋陽：遼寧人民出版社，1994 年 9 月。
- 〈民國以來政權統合的方式與主張（1912-1949）〉（與陳進金合撰），《中國歷史上的分與合學術研討會論文集》，臺北：聯合報系文化基金會，1995 年 9 月。

- 〈西安事變前張學良與中共之關係──兼介楊奎松新著《西安事變新探》稿〉，《國父建黨革命一百周年學術討論集──抗戰建國史》，冊 3，1995 年 3 月。
- 〈九龍屯門青山農場與辛亥革命運動〉，《近代中國》，期 106，1995 年 4 月。
- 〈楊亮功傳〉，《國史擬傳》，輯 5，1995 年 6 月。
- 〈從團結禦侮到共赴國難〉，《中華民國史專題論文集第三屆討論會》，臺北：國史館，1996 年 3 月。
- 〈北伐期間「迎汪復職」問題〉，《近代中國》，期 114，1996 年 8 月。
- 〈論中共抗日統戰初期的「抗日反蔣」方針〉，《慶祝抗戰勝利五十週年兩岸學術研討會論文集》，臺北：中國近代史學會、聯合報系文化基金會，1996 年 9 月。
- 〈西安事變前張學良諫蔣的背景與經過〉，《中國現代史專題研究報告》，輯 19，1997 年 8 月。
- 〈「百年老店」國民黨是否將成為歷史名詞？〉，《歷史月刊》，期 120，1998 年 1 月。
- 〈胡適與抗戰〉，李又寧主編，《胡適與國民黨》，紐約：天外出版社，1998 年 1 月。
- 〈胡適與汪精衛──抗戰前後對中日問題的討論〉，李又寧主編，《胡適與國民黨》，紐約：天外出版社，1998 年 1 月。
- 〈關於「三大政策」的爭論問題──為紀念黃季陸先生百年冥壽而作〉，《近代中國》，期 124，1998 年 4 月。

- 〈黨史會學徒和赴美研究〉，《傳記文學》，卷 72 期 5，1998 年 5 月。
- 〈從兩次國共「合作」省思兩岸問題〉，《歷史月刊》，期 129，1998 年 10 月。
- 〈汪精衛的「恐共」與「投日」〉，《近代中國》，期 128，1998 年 12 月。
- 〈孫中山先生與越飛聯合聲明前的談判〉，《近代中國》，期 130，1999 年 4 月。
- 〈孫中山與越飛「談」張作霖〉，《傳記文學》，卷 74 期 4，1999 年 4 月。
- 〈由「華盛頓」變為「拿破崙」的袁世凱〉，《歷史月刊》，期 137，1999 年 6 月。
- 〈研究辛亥革命的微觀與宏觀〉，《國史館館刊》，復刊期 26，1999 年 6 月。
- 〈兩岸分裂五十年的歷史教訓〉，《海峽評論》，期 106，1999 年 10 月。
- 〈宏觀二十世紀中國的分裂與統一〉，《海峽評論》，期 109，2000 年 1 月。
- 〈王世杰傳〉，《國史擬傳》，輯 8，2000 年 3 月。
- 〈汪兆銘傳〉，《國史擬傳》，輯 8，2000 年 3 月。
- 〈蔣中正先生赴俄考察記〉，《近代中國》，期 136，2000 年 4 月。
- 〈馬林與國共合作（1921-1923）〉，《近代中國》，期 137，2000 年 6 月。
- 〈鮑羅廷與改組國民黨〉，《歷史月刊》，期 150，2000 年 7 月。

- 〈從第一、二次國共分合看兩岸關係〉，《近代中國》，期138，2000年8月。
- 〈從「百年老店」的興衰看國民黨的改造「自救」〉，《海峽評論》，期118，2000年10月。
- 〈變英雄革命為國民革命的辛亥革命〉，《孫中山與二十世紀中國的社會變革學術研討會論文集》，2000年11月。
- 〈黃金十年與抗日救亡──周美華《中國抗日政策的形成》書序〉，《近代中國》，期140，2000年12月。
- 〈國共合作的回顧與展望──從國民黨副主席吳伯雄訪問大陸談起〉，《海峽評論》，期121，2001年1月。
- 〈千古功罪，誰予評說──蔣介石的歷史地位問題〉，《海峽評論》，期123，2001年3月。
- 〈大陸學界重評蔣公中正（介石）歷史地位〉，《近代中國》，期142，2001年4月。
- 代序，〈流產的「和平統一」〉，林桶法，《戰後中國的變局──以國民黨為中心的探討》，臺北：臺灣商務印書館，2003年。
- 〈孫中山的一個願望實現在三民〉，《三民書局五十年文集》，臺北：三民書局，2003年7月。
- 蔣永敬序，〈胡漢民的人際關係──反蔣抗日活動及其他〉，陳紅民，《函電裡的人際關係與政治──談哈佛燕京圖書館藏胡漢民往來函電稿》，北京：三聯書店，2003年9月。

- 〈鮑羅廷對國民黨的「左運」工作〉，「孫中山與世界國際學術研討會」，廣州：中山大學孫中山研究所，2004 年 7 月。
- 〈為「和平統一」鞠躬盡瘁敬悼梁肅戎先生〉，《海峽評論》，期 166，2004 年 10 月。
- 〈從民初的袁孫會看扁宋會〉，《近代中國》，期 106，2005 年 3 月。
- 〈從國民黨黨史看國民黨主席之爭〉，《國是評論》，2005 年 3 月。
- 〈孫中山革命希望新紀元──中國同盟會的成立〉，《近代中國》，2005 年 12 月。
- 〈關於孫中山革命運動兩大爭論問題平議──資產階級革命與三大政策問題〉，《紀念中國同盟會成立一百周年暨孫中山逝世八十周年學術研討會》，南京：南京大學中華民國史研究中心等合辦，2005 年 8 月。
- 〈參與考訂《國父年譜》糾繆的一段回憶〉，《孫中山學刊》，輯 1，廣州：中山大學歷史系，2007 年 5 月。
- 〈以文會友──天石與我〉，《楊天石近代文存》，北京：中國人民出版社，2007 年。
- 〈督撫革命與督撫式革命〉，《清末新政與辛亥革命國際學術研討會》，上海，2007 年 7 月。
- 〈孫中山三大領導風格〉，《近代中國國家型塑──領導人物與領導風格國際學術研討會》，東海大學歷史學系、中正文教基金會主辦，2007 年 12 月。

- 〈談民國史研究的一些問題〉，陳紅民，〈蔣介石的後半生〉序，杭州：浙江大學出版社，2010 年 3 月。
- 〈蔣介石抗戰到底之「底」的問題再研究〉，《蔣介石與近代中國國際學術討論會論文集》，杭州：浙江大學蔣介石研究中心，2010 年 4 月；《傳記文學》，卷 97 期 1，2010 年 7 月。
- 〈一箸失全盤敗：戰後蔣介石處理東北問題〉，《傳記文學》，卷 97 期 3，2010 年 9 月。
- 〈「先圖關外」不成，回頭「再安關內」〉，《傳記文學》，卷 97 期 5，2010 年 11 月。
- 〈談辛亥革命史的研究〉，《國史研究通訊》，期 1，2011 年 12 月。

五、書評

- 〈張著《清季革命團體》評介〉，《傳記文學》，卷 27 期 4，1975 年 10 月。
- 〈韋著《孫逸仙》評介〉，《中央研究院近代史研究所集刊》，期 11，1982 年 7 月。
- 〈吳著《孫逸仙先生傳》評介〉，《中央研究院近代史研究所集刊》，期 12，1983 年 6 月。
- 〈張著《民國初年的政黨》評析〉，《近代中國史研究通訊》，期 1，1986 年 3 月。
- 〈毛注青編《黃興年譜》〉，《中國現代史書評選輯》，輯 1，1986 年 6 月。
- 〈廣東省哲學社會科學研究所歷史研究室等合編《孫中山年譜》〉，《中國現代史書評選輯》，輯 2，

1987 年 4 月。

- 〈中國現代政治史論（張玉法著）評介〉，《歷史教學雙月刊》，卷 1 期 4，1989 年 1 月。
- 〈李新、李宗一編《中華民國史》〉，《中國現代史書評選輯》，輯 5，1990 年 4 月。
- 〈王金鋙主編《中國現代資產階級民主運動史》〉，《中國現代史書評選輯》，輯 6，1991 年 4 月。
- 〈姜義華著《國民黨左派的旗幟——廖仲愷》——兼論「三大政策」〉，《中國現代史書評選輯》，輯 7，1991 年 6 月。
- 〈秦野風等著《國共合作的過去與未來》〉，《中國現代史書評選輯》，輯 11，1993 年 12 月。
- 〈楊樹標著《蔣介石傳》〉，《中國現代史書評選輯》，輯 13，1994 年 12 月。
- 〈李雲漢著《中國國民黨史述》〉，《近代中國史研究通訊》，期 19，1995 年 3 月。
- 〈李新主編《國民革命的興起（1923-1926）》〉，《中國現代史書評選輯》，輯 15，1995 年 12 月。
- 〈楊奎松著《西安事變新探》——張學良與中共關係之研究〉，《中國現代史書評選輯》，輯 17，1996 年 12 月。
- 〈楊天石主編《中華民國史》第二編第五卷——北伐戰爭與北洋軍閥的覆滅〉，《中國現代史書評選輯》，輯 18，1997 年 6 月。
- 〈王秀鑫、郭德宏主編《中華民族抗日戰爭史，1931-1945》〉，《中國現代史書評選輯》，輯 21，

1998 年 12 月。

- 〈中共中央黨史研究室編譯《國產國際、聯共（布）
  與中國革命檔案資料叢書（一、二卷）》〉，《中
  國現代史書評選輯》，輯 22，1999 年 6 月。

- 〈中共中央黨史研究室第一研究部譯《聯共（布）、
  共產國際與中國國民革命運動 1926-1927》〉，《中
  國現代史書評選輯》，輯 24，2000 年 12 月。

- 〈陶涵《蔣介石現代中國的奮鬥》閱讀雜記〉，《國
  史研究通訊》，期 6，2013 年 6 月。

徵引書目

一、專書

- 《史學的傳承》編輯小組編，《史學的傳承－蔣永敬教授八秩榮慶論文集》，臺北：近代中國出版社，2001 年。
- 克思明，《早期國共關係新論──從俄聯、聯共到三大政策的辯證》，臺北：臺灣學生書局，2005 年，修訂版。
- 李雲漢，《史學圈裏四十年》，臺北：東大圖書公司，1996 年。
- 芮納・米德（Rana Mitter），林添貴譯，《被遺忘的盟友》，臺北：遠見天下文化，2014 年。
- 胡春惠，《北上南下記滄桑：胡春惠回憶錄》，臺北：國史館，2016 年。
- 翁文灝著，李學通、劉萍、翁心鈞整理，《翁文灝日記》，北京：中華書局，2010 年。
- 梁啟超，《中國歷史研究法》（含補編），臺北：商務印書印書館，2009 年。
- 陳紅民，《蔣介石的後半生》，杭州：浙江大學出版社，2010 年。
- 楊奎松，《中共與莫斯科的關係》，臺北：三民書局，1997 年。
- 潘光哲，《學術大師的漏網鏡頭》，臺北：臺灣商務印書館，2021 年。

- 蔣永敬，《九五獨白：一位民國史學者的自述》，臺北：新銳文創，2017 年。
- 蔣永敬，《多難興邦：胡漢民、汪精衛、蔣介石及國共的分合興衰，1925-1936》，臺北：新銳文創，2018 年。
- 蔣永敬，《百年老店國民黨滄桑史》，臺北：傳記文學出版社，1993 年。
- 蔣永敬，《胡漢民先生年譜》，臺北：中國國民黨中央委員會黨史委員會，1978 年。
- 蔣永敬，《孫中山與中國革命》，臺北：國史館，2000 年。
- 蔣永敬，《浮生憶往》，臺北：近代中國出版社，2002 年。
- 蔣永敬，《國民黨興衰史》，臺北：臺灣商務印書館，2009 年，增訂版。
- 蔣永敬，《鮑羅廷與武漢政權》，臺北：傳記文學出版社，1972 年。
- 戴安娜‧拉里（Diana Lary），廖彥博譯，《流離歲月：抗戰中的中國人民》，臺北：時報文化，2015 年。

二、專文

- 王文隆，〈中國國民黨黨史會暨史料遷臺經過〉，《臺灣文獻》，卷 66 期 4，2015 年 12 月。
- 王爾敏，〈史官職司淺談〉，《國史研究通訊》，期 1，2011 年 12 月。

- 吳大猷，〈開幕詞〉，《抗戰建國史研討會論文集》，臺北：中央研究院近代史研究所，1985 年。
- 吳劍杰，〈孫中山的三大政策與新三民主義的內在聯繫〉，《武漢大學學報》（哲學社會科學版），1996 年第 3 期。
- 呂芳上，〈追隨半世紀：懷念永敬蔣公〉《傳記文學》，卷 113 期 3，2018 年 9 月。
- 李雲漢，〈懷念我與蔣永敬兄的「荔園時代」〉，《傳記文學》，卷 113 期 2，2018 年 8 月。
- 林桶法，〈恩結學術情──憶蔣永敬老師〉，《傳記文學》，卷 113 期 3，2018 年 9 月。
- 孫宅巍，〈永敬師長永遠活在我們心中〉，《傳記文學》，卷 113 期 3，2018 年 9 月。
- 張玉法，〈身歷其境：兩岸學術交流中的順境與困境〉，《春江水暖：三十年來兩岸近代史學交流的回顧與展望（1980s-2010s）》，臺北，世界大同文創，2017 年。
- 張玉法，〈常相左右，永敬蔣公〉，《傳記文學》，卷 113 期 2，2018 年 8 月。
- 張金超，〈近十年來臺灣地區孫中山研究的進展與困境〉，《中山社會科學》，2014 年第 1 期。
- 章開沅，〈春江水暖鴨先知，似曾相識燕歸來──兩岸民國史研究追憶〉，《春江水暖：三十年來兩岸近代史學交流的回顧與展望（1980s-2010s）》，臺北，世界大同文創，2017 年。

- 陳三井，〈活到老、學到老、寫到老——追懷史學界的「永敬蔣公」〉，《傳記文學》，卷 113 期 2，2018 年 8 月。

- 黃克武，〈懷念恩師李國祁教授〉，《國史研究通訊》，期 12，2017 年 6 月。

- 黃英哲，〈懷念呂實強老師〉，《國史研究通訊》，期 1，2011 年 12 月。

- 楊天石，〈推薦序　追求真相，老而彌篤——讀《多難興邦》感言〉，《多難興邦：胡漢民、汪精衛、蔣介石及國共的分合興衰，1925-1936》，臺北：新銳文創，2018 年。

- 楊天石，〈蔣永敬教授和我的學術切磋與詩歌唱和〉，《傳記文學》，卷 113 期 3，2018 年 9 月。

- 楊奎松，〈永敬蔣公〉，《傳記文學》，卷 113 期 3，2018 年 9 月。

- 楊奎松，〈關於民國人物研究的幾個問題——以蔣介石生平思想研究狀況為例〉，《日記與民國史事》，臺北：政大出版社，2020 年，

- 劉維開，〈民國史學者蔣永敬〉，《漢學研究通訊》，卷 38 期 1，2019 年 2 月。

- 蔣世安，〈追憶我的父親蔣永敬〉，《傳記文學》，卷 113 期 2，2018 年 8 月。

- 蔣永敬，〈談辛亥革命史的研究〉，《國史研究通訊》，期 1，2011 年 12 月。

三、檔案

- 「人事室致姚薦楠等留字第 195 號函」（1949 年 7 月 20 日），〈中國國民黨黨史會史料〉，《中國國民黨史料》，中國國民黨黨史會藏，檔案號：史 38/67.49。
- 「第4次工作會報會議紀錄」（1948 年 12 月 1 日），〈中國國民黨黨史會史料〉，《中國國民黨史料》，中國國民黨黨史館藏，檔案號：史 38/70.4。

四、外文

- C. Martin Wilbur and Julie Lien-ying How ed., *Documents on communism, Nationalism and Soviet Adviser in China, 1918-1927*, New York: Columbia University Press, 1956.

史家薪傳 02

民國史研究的引路人：
蔣永敬先生傳
Chiang Yung-ching: A Historian
of Republican China

作　　　者	林桶法	
總 編 輯	陳新林、呂芳上	
執行編輯	高純淑、林弘毅	
封面設計	溫心忻	
排　　版	溫心忻	

出　　版　　開源書局出版有限公司

香港金鐘夏慤道 18 號海富中心
1 座 26 樓 06 室
TEL：+852-35860995

民國歷史文化學社 有限公司

10646 台北市大安區羅斯福路三段
37 號 7 樓之 1
TEL：+886-2-2369-6912
FAX：+886-2-2369-6990

http://www.rchcs.com.tw

初版一刷　2022 年 4 月 30 日
定　　價　新台幣 420 元
　　　　　港　幣 115 元
　　　　　美　元　16 元
I S B N　978-626-7036-83-9
印　　刷　長達印刷有限公司
　　　　　台北市西園路二段 50 巷 4 弄 21 號
　　　　　TEL：+886-2-2304-0488

國家圖書館出版品預行編目 (CIP) 資料
民國史研究的引路人：蔣永敬先生傳 = Chiang
Yung-ching: a historian of Republican China/
林桶法著 . -- 初版 . -- 臺北市：民國歷史文化學社
有限公司 , 2022.04

面；　公分 . -- (史家薪傳；2)

ISBN 978-626-7036-83-9　(平裝)

1.CST: 蔣永敬　2.CST: 傳記

783.3886　　　　　　　　　　111005209